Die schönsten
Routen in Südtirol
und im Trentino

W0067754

Nick Lass

BRUCKMANN

Eine Produktion des Bruckmann-Teams, München
Lektorat: Dr. Renate Dernedde
Layout und Satz: Rüdiger Wagner, Nördlingen
Kartografie: Elsner & Schichor, Karlsruhe
Umschlaggestaltung: Studio Schübel, Werbeagentur GmbH, München

Alle Fotos auf dem Cover und im Innenteil von Nick Lass

Alle Angaben dieses Werkes wurden vom Autor sorgfältig recherchiert
und auf den aktuellen Stand gebracht sowie vom Verlag auf
Stimmigkeit geprüft. Für die Richtigkeit der Angaben kann jedoch
keine Haftung übernommen werden. Für Hinweise und Anregungen
sind wir jederzeit dankbar. Bitte richten Sie diese an den Bruckmann
Verlag, Lektorat, 80632 München.

Gedruckt auf chlorfrei gebleichtem Papier

Die Deutsche Bibliothek – CIP Einheitsaufnahme
Ein Titeldatensatz für diese Publikation ist bei
Der Deutschen Bibliothek erhältlich

Gesamtverzeichnis gratis:
Bruckmann Verlag, 80632 München
Internet: www.bruckmann.de

Printed in Italy by Printer Trento S. r. l.
ISBN 3-7654-3690-9

Einführung

Touren

Fahren mit Roadbook

Damit Sie die schönsten Touren ungehindert genießen können, erhalten Sie von uns das Roadbook für den schnellen Überblick zum Mitnehmen.

Mit Hilfe der Wegbeschreibungen und Kurzinfos erfahren Sie kurz und knapp, welche Abzweigungen Sie nehmen müssen und welche Attraktionen Sie am Straßenrand erwarten.

Am Anfang erhalten Sie einen kurzen Überblick über die Region und über den Routenverlauf. Das Roadbook selbst ist in übersichtliche Spalten aufgeteilt mit folgenden Informationen:

Die Kennzeichnungen **Nr./km** zählen die Kreuzungen und deren jeweilige Entfernungen zwischen den einzelnen Roadbook-Positionen auf.

Straße bezeichnet die Strecke mit der offiziellen inländischen Bezeichnung, auf der Sie sich befinden.

Position nennt die Ortschaft oder den Ort, an dem Sie sich gerade befinden.

Die Spalte **Richtung** weist darauf hin, welche Richtung Sie einschlagen müssen, um in einen Ort zu gelangen.

Piktogramme geben Ihnen genaue Anweisungen, welchen Abzweigungen Sie an den Kreuzungen folgen sollten.

Weitere Piktogramme finden Sie in der Spalte **Information**. Hier werden Sie auf besondere Sehenswürdigkeiten oder Übernachtungsmöglichkeiten hingewiesen.

Die Roadbooks finden Sie ab Seite 121.

Die einzelnen Piktogramme:

✪	Sehenswert	✗	Bikerfreundliche Gaststätte
⛪	Kirche	T	Tankstelle
⛨	Schloss	≋	Badestrand
🏛	Museum	P	Parkplatz
❋	Aussicht rundum	⛨	Campingplatz
◪	Aussicht halb	A	Alternative, Abstecher
❗	Achtung	⛴	Fähre/Schiff
☾	Hotel/Übernachtung	i	Info

Blütenträume gibt's im Frühjahr überall im Etschtal, wie hier bei Meran.

In Südtirol und im Trentino – Land und Leute

Bon di, Buon giorno, Guten Tag«, gleich dreisprachig wird man südlich des Alpenhauptkamms in Südtirol und dem Trentino begrüßt. Wobei erster Gruß aus dem Ladinischen stammt, einer uralten keltisch-römischen Sprachform, die in Tälern, wie Grödner Tal oder Fassatal beispielsweise, die lange Zeit sehr abgelegen waren, auch heute noch gepflegt wird. Südlich von Salurn war Italienisch immer die Muttersprache, auch während das Trentino als Welschtirol vor 1918 für einige Zeit zur k.u.k.-Monarchie Österreich gehörte. Die deutsche Sprache dagegen ist in Südtirol immer noch tief verwurzelt und so wird es vorerst wohl auch bleiben. Selbst die einst versuchte Zwangsassimilierung (Deutsch war damals verboten!) durch Mussolini oder Hitlers versuchte Umsiedlung »heim ins Reich« konnte daran nichts ändern. Noch heute beträgt der Anteil der deutschsprachigen Bevölkerung etwas mehr als 66%. Aber in den friedlicheren Zeiten eines nahezu vereinten Europas spielt das alles gottlob keine Rolle mehr. Also wenden wir uns lieber dem zu, was diesen reizvollen Landstrich so einmalig und so außerordentlich liebenswert macht.

Land des Sonnenscheins

Fangen wir also am bekannten Reschenpass an, einem der bevorzugten Wege nach Südtirol. Hier lässt man meistens, wie übrigens auch am Brennerpass, die oft genug verhangenen und düster wirkenden Nordalpen und deren miese Wetterlaunen hinter sich. Denn Tirols Süden und das Trentino gehören auf unserem Planeten ganz sicher zu den bevorzugten Regionen akkurates Motorradwetter betreffend – und

das auch schon ganz früh im Jahr, wenn anderswo Ski und Rodel noch allgemein gut gemeldet werden und selbst noch im Herbst, wenn nördlich der Alpen schon wieder Frostbeulen garantiert sind. Grundsätzlich gilt: Gestaltet sich die Wetterlage nördlich des Alpenhauptkamms mal wieder reich-

lich depressiv, dann bietet das Gebiet zwischen Brenner und Gardasee, zwischen den Dolomiten und der Adamellogruppe fast immer azurblauen Himmel und wärmenden Sonnenschein.

Abendlicher Blick hinüber zum Mendelkamm

Nur das eher selten auftretende Genuatief kann den südlichen Sommer negativ beeinträchtigen. Es ist übrigens genau dann aktiv, wenn die Nordalpen unter Föhn liegen und Kopfschmerzen dort die Runde machen. Motorradtouren, die auch über höher gelegene Pässe führen sollen, kann man normalerweise ab Mitte April – je nach Wetter – starten. Wer ohne die schon arg gebeutelte Kultstrecke am Stilfser Joch nicht auskommt, darf aber erst ab Mitte Juni Richtung Südtirol düsen.

Es soll aber auch wetterfeste Motorradtreiber geben, die es selbst im Winter in das in diesem Buch vorgestellte Gebiet verschlägt. Denn nicht alle Pässe sind dann dicht. Beispielsweise das Grödner Joch, der Sella Pass, der Passo di Falzarego, der Passo di Campo Lungo und einige mehr sind ganzjährig geöffnet. Wie auch immer man es mag, jeweils genaue Infos über die aktuelle Befahrbarkeit der tollen Passstraßen bekommt man beispielsweise beim ADAC, Tel. 0180/51 01 112 (0,24 DM/Min.) oder im Internet unter www.alpenpaesse.de

Kultstrecken und Schräglagenfestivals

Aber reden wir nicht nur vom Wetter, denn die so angenehme Witterung rund um das Tal der Etsch ist wirklich nur das eine. Das in diesem Buch ausführlich vorgestellte Gebiet lockt ja zudem mit absoluten Delikatessen in Sachen Kurventraum & Co. Schauen Sie einfach mal unter Tour 8 nach, wo der atemberaubende Passo di Manghen und der legendäre Kaiserjägersteig allen Kurvenräubern erhöhte Adrenalinspiegel bescheren werden und die Herzen schneller schlagen lassen.

Zudem wird auch bei einem kurzen Blick in Tour 10 schnell klar, welche genialen Zuckerl darauf warten, unter die Reifen genommen zu werden. Denn die dort beschriebene »Monte Baldo Höhenstraße« gehört auch mit zu den besten Motorradstrecken weit und breit.

Aber das waren nur ein paar Beispiele, denn genauso offerieren die südlichen Tauern, das liebliche Vinschgau, der mächtige Ortler und die zauberhaften Dolomiten ganz traumhafte Strecken. Die führen mal an wunderschönen Bauernhöfen entlang, passieren im Frühjahr prächtig blühende

Letzte Spuren des Winters am noch zugefrorenen Lago Misurina

Obstgärten und Plantagen, überqueren luftige Höhen wie an Stilfser Joch oder Gavia Pass, leiten zu landschaftlichen Schönheiten, wie dem Wasserfall von Partschins, oder bieten herrliche Bade- und Pausenplätze an einem der zahlreichen Seen an.

Aber auch die Städte, Dörfer und winzigen Orte in Südtirol und im Trentino haben es in sich. Mal gestalten sie sich malerisch wie der heimelige Weinort Tramin, Heimat des beliebten Gewürztraminer übrigens. Oder sie thronen wie Steinegg einem Adlerhorst gleich auf der Höhe. Wieder andere zeigen sich pulsierend, wie beispielsweise Bozen, auf Italienisch Bolzano, wo man zwar überwiegend Deutsch spricht, das »Dolce Vita« aber dennoch gern genießt und ganz sicher italienisch fährt. An die wenigstens für deutsche, schweizer oder österreichische Verhältnisse ungewohnte Anarchie in verkehrstechnischer Hinsicht, die man auch in Trento bestens spüren kann, gewöhnt man sich als Motorradtreiber übrigens ganz gut.

Burgen, Schlösser und Klöster

Mit dem Motorrad erreicht man so meist etwas schneller als mit dem Auto die zahlreichen Sehenswürdigkeiten wie Burgen, Schlösser, Klöster und anderes. Symbol und Zeuge zur Erhaltung des historischen und künstlerischen Erbes des Trentino und Südtirols ist nebenbei bemerkt das Castel Beseno. Es liegt von der Brennerautobahn aus gut sichtbar zwischen Trento und Rovereto.

Diese Burg – oder vielmehr die befestigte Stadt – erhebt sich auf einem Hügel am Eingang des Valle dell'Adige (Etschtal). Weitere eindrucksvolle und besuchenswerte Schönheiten sind unter anderem Castel Stenico, Castel Thun, das Schloss von Arco, Castel Toblino, Castel Nanno, die Franzensfeste bei Brixen oder die Feste Sigmundskron nahe Bozen. Insgesamt mehr als hundert Schlösser und Burgen können heute in Südtirol und dem Trentino noch besichtigt werden.

Lukull lässt grüßen

Genauso opulent wie das kulturelle Erbe stellt sich übrigens das breit gefächerte Angebot an lukullischen Genüssen dar.

Das Trentino, natürlich sehr stark an die italienische Küche angelehnt, lockt mit preiswerten Pizze e Paste, ist aber auch für gehobene Kochkunst in höchster Vollendung italienweit bekannt. In Südtirol können Genießer neben dem auch hier nicht zu verleugnenden Einfluss italienischer Esskultur Elemente der österreichischen Mehlspeisküche finden. Welch leckere Kombinationen, die neben Pasta aus südlichen Gefilden Schlutzkrapfen, Käseknödel, Spinatspatzn oder das Nudeldreierlei Tiroler Tris auf den Teller zaubern und wahrlich jedem Diätplan den Garaus machen!

Guten Appetit – eine Brotzeit hoch über dem Eisacktal

Also, alles in allem eine runde Sache, Südtirol und das Trentino warten auf Sie, jetzt brauchen Sie nur noch ihre Maschine zu starten.

Unruhige Geschichte

Südtirol, heute Teil der autonomen norditalienischen Region Trentino-Südtirol, breitet sich auf etwa 7400 Quadratkilometer aus. Das Gebiet entspricht exakt der heutzutage mit besonderen Autonomierechten ausgestatteten italienischen Provinz Bozen (Bolzano), deren gleichnamige Hauptstadt sich am Zusammenfluss von Eisack und Etsch befindet. Im 6. Jahrhundert wurde Südtirol von Bayern besiedelt. Das Land mit sanften, vom Klima verwöhnten Tälern, wie Vinschgau, Pustertal sowie Etschtal beispielsweise, aber auch schroffen Gebirgszügen wie Dolomiten, Ortler, Texelgruppe, Ötztaler und Zillertaler Alpen, war bis 1363 Kernland der Grafen von Tirol mit Sitz in Meran.

Am Kloster Neustift

Danach fiel es durch Erbschaft an die Habsburger Monarchie und verblieb bis 1918 unter der Herrschaft Wiens. Nach dem Ersten Weltkrieg fiel Südtirol im Vertrag von Saint-Germain-en-Laye zum Leidwesen der einheimischen Bevölkerung an Italien, das schon mehrmals zwischen 1848 und 1915 unverhohlene Ansprüche auf diese Region erhoben hatte. Allerdings bekam Italien mit der Einverleibung Südtirols ein erhebliches Nationalitätenproblem. Zunächst versuchte die Administration Mussolinis die Südtirolfrage durch eine zwangsweise Assimilierung zu lösen. 1939 votierte die Bevölkerung unter dem Druck einer nun absolut nicht freien Wahl für eine Umsiedlung nach Deutschland. Allerdings traten nur wenige Südtiroler den so genannten Weg heim ins Reich an. Die Südtirolfrage blieb damit ungeklärt. Auch ein Abkommen von 1948, in dem der deutschsprachigen Bevölkerung nach dem Zweiten Weltkrieg kulturelle und administrative Autonomie zugestanden wurde, unterlief die italienische Zentralregierung in Rom.

Das Abkommen wurde nämlich zunächst auf die neu geschaffene Region Trentino-Alto Adige (seit 1992 Trentino-Südtirol) angewandt, wo die deutschsprachige Bevölkerung sich natürlich in der Minderheit befand. Die Südtiroler Volkspartei, eine nach dem Zweiten Weltkrieg gegründete christlich-konservative Sammelbewegung der Deutsch und Ladinisch sprechenden Bevölkerung, forderte daraufhin nachhaltig ihr Selbstbestimmungsrecht zurück. Auch eine nun geforderte reelle Volksabstimmung für eine Rückgliederung an das österreichische Tirol wurde in Rom ignoriert. Erhebliche Spannungen zwischen Österreich und Italien waren eine Folge, gewalttätige Proteste eines Teils der Südtiroler Bevölkerung eine andere. Ab 1969 kam man sich dann aber doch näher. Die Spannungen zwischen Österreich und Italien konnten nach und nach abgebaut werden. Erheblichen Anteil an der Verständigung, die 1972 zu einem Autonomiestatut in der italienischen Verfassung führte, hatte die Südtiroler Volkspartei (SVP) unter Silvio Magnago. Allerdings wurde auch dessen Umsetzung von italienischer Seite des Öfteren verschleppt, so dass die österreichische Regierung nach Absprache mit der Südtiroler Volkspartei den Konflikt erst 1992 für völkerrechtlich beendet erklären konnte.

Der mörderische Alpenkrieg

Viele der Straßen, die man heutzutage in Südtirol und im Trentino so unter die Reifen nimmt, entstammen als Nachschubwege aus den Tagen des Ersten Weltkriegs. Daher hier ein paar Fakten zur blutigen Schlacht in den Alpen:

Das seit 1882 mit Deutschland und Österreich-Ungarn im »Dreibund« verbündete Italien unterzeichnete am 3. Mai 1915 mit den Alliierten einen Geheimvertrag, das ihm Tirol bis zum Brenner, Görz und Gradiska sowie fast ganz Dalmatien zusprach, wenn es innerhalb von vier Wochen in den Ersten Weltkrieg einträte. Am 4. Mai 1915 verließ Italien daher den Dreibund und erklärte am 23. Mai 1915 seinem ehe-

Blick hinüber zum Schlern, das Wahrzeichen Südtirols

maligen Bundesgenossen Österreich-Ungarn plötzlich und unerwartet den Krieg. Noch in der gleichen Nacht griff die gesamte österreichische Flotte die italienische Adriaküste an mehreren Stellen an und konnte dadurch den Aufmarsch des neuen Feindes verzögern. Trotzdem: Österreich-Ungarn war an der Südwestfront stark unterlegen, da die regulären Truppen in Galizien oder Serbien kämpften. Nur Standschützen und das zu Hilfe eilende Deutsche Alpenkorps konnten zur Verteidigung der Monarchie aufgeboten werden. Es folgten anfangs blutige Schlachten am Isonzo (Slowenien) und eine österreichische Offensive von Südtirol aus, die am 31. Mai 1915 auf den letzten Bergen vor Venedig zum Stillstand kam. Dann begann ein erbitterter Stellungskrieg, dessen Spuren auch heute noch gut zu sehen sind. Nachdem der Krieg an der Ostfront zu Ende ging, traten sieben deutsche und fünf österreichisch-ungarische Divisionen am 24. Oktober 1917 zu einer Großoffensive am Isonzo an, die sich zu einem Blitzkrieg entwickeln sollte. Die Italiener flüchteten über den Tagliamento bis hinter den Piave. Bereits am 10. November erreichten Deutsche und Österreicher den Piave und stießen damit 120 Kilometer vor. Gleichzeitig griffen auch die österreichischen Südtirolarmeen an und zwangen die italienischen Soldaten der Dolomitenfront zum Rückzug, um nicht eingekesselt zu werden. Wegen befürchteter Nachschubschwierigkeiten stoppte man aber die erfolgreiche Offensive am Piave. Neue Brennpunkte der Front wurden nunmehr der Pasubio und der Monte Grappa. Wegen des unaufhaltsamen Verfalls der Donaumonarchie – Ungarn wurde ein eigener Nationalstaat und zog seine Soldaten zurück – räumte Österreich ab dem 30.10.1918 Venetien und bat um Waffenstillstand. Am 1. November 1918 trafen sich in der Villa Giusti bei Padua die militärischen Vertreter Österreich-Ungarns und Italiens und unterzeichneten ein Waffenstillstandsabkommen. Daher untersagte der österreichische Kaiser am 3. November 1.20 Uhr seinen Truppen jegliche Kampfhandlungen, um weiteres Blutvergießen zu vermeiden. Allerdings wurde im endgültigen Vertrag das Ende des Krieges auf den 4. November um 15 Uhr festgelegt. Italien nutzte die Situation, drang noch schnell bis zum Brenner vor und nahm in diesen 38 Stunden etwa 350 000 österreichische Soldaten kampflos gefangen. Eine Trickserei, die als »Sieg von Vittorio Veneto« in die italienische Geschichte einging. Zudem erhielt Italien alle 1915 von den Alliierten versprochenen Gebiete.

ALLGEMEIN

Anders als das liebliche, überwiegend italienisch geprägte Trentino ist Südtirol ein Land der sichtbaren Gegensätze. Man spricht Deutsch, trinkt einheimisch und fährt wie schon angedeutet meist italienisch. Jedenfalls können jene zwei Drittel der Bevölkerung seit der Südtiroler Autonomie ganz gut mit einem italienischen Pass in der Tasche leben. Das Land an der Etsch, auf Italienisch Alto Adige, ist aber schon seit Jahrhunderten Schmelztiegel der Kulturen und so wird man auch immer mal wieder von einem angenehmen Hauch des Dolce Vita berührt.

GELD UND KOSTEN

Noch gilt in Südtirol und Trentino die Lira. Umrechnung etwa 1 DM für knapp 1000 Lire. Das Preisniveau gestaltet sich ähnlich wie in Deutschland.

FORMALITÄTEN

Keine, da EU-zugehörig. Also, nur wie daheim Personalausweis, Führerschein, Fahrzeugschein und seit neuestem den TÜV-Prüfbericht mitführen.

KLIMA UND REISEZEIT

Während man in tieferen Lagen, wie im Etschtal beispielsweise, den Winter nur gelegentlich kennen lernt, herrscht in den Dolomiten und den anderen Gebirgsregionen von November bis April oft tiefster Winter mit idealen Wintersportbedingungen. Daher bietet sich natürlich der Zeitraum zwischen April und Oktober für eine Motorradtour am besten an.

ANREISE

Von Deutschland aus über Inntalautobahn und Brennerautobahn oder besser mautfrei auf parallel verlaufenden Bundesstraßen. Alternativ bietet sich auch die Strecke über Garmisch, Zirler Berg, Inntalbundesstraße und Brennerbundesstraße an.

Achtung: reichlich Wegelagerei der österreichischen Polizei hinsichtlich radikaler, aber für den Staatssäckel erfolgreicher Radaraktionen! Wer aus dem Westen Deutschlands anreist, fährt am besten via Füssen und den Fernpass ins Inntal. Hier nun entweder über Innsbruck und Brenner oder aber schöner über Landeck, Nauders und den Reschenpass nach Südtirol.

Eine andere gute Transportlösung für Nordlichter, um samt Maschine Richtung sonnigen Süden zu gelangen, bietet der Autoreisezug. Vor allem, wenn man gern auf unangenehme Regenschlachten, Frostbeulen und Schwielen am Allerwertesten verzichtet.

Und das Beste: Der Transport im Autoreisezug ist für die Zweiradfraktion mehr als erschwinglich. Vor allem, wenn man bei der Terminplanung die preisgünstige gelbe Preisstaffel aus dem Autoreisezugkatalog wählt. Außerdem spart man so immer mindestens zwei Tage des allzu kostbaren Urlaubs.

Infos: DB Autozug, Postfach 1111, 04112 Leipzig und an 365 Tagen im Jahr: 8–22 Uhr unter der Servicenummer 0180/5 24 12 24 (24 Pf./Minute) oder im Internet unter www.dbautozug.de

ALLGEMEINE INFOS

Südtirol Marketing Information, Pfarrplatz 11, I-39100 Bozen, Tel. 0039/0471/41 38 08, Fax 0039/0471/41 38 89, E-Mail info@hallo.com. Internet www.hallo.com
Azienda per la Promozione Turistica del Trentino, Via Romagnosi 11, I-38100 Trento, Tel. 0039/0461/83 90 00, Fax 0039/0461/26 02 45, E-mail info@trentino.to, Internet www.trentino.de

PANNENHILFE

Pannendienst des ACI, Corso Italia 19, I-39100 Bozen, Tel. 0039/0471/28 00 03 oder 26 10 47.

INTERNETGUIDE

Alle hier vorgestellten Internetadressen liefern Interessantes für Südtirol, das Trentino oder einfach nur zum Thema Reisen mit dem Motorrad, wobei allerdings keinerlei Anspruch auf Vollständigkeit erhoben wird.

www.adac.de
Leider steht eine Großteil der Pages nur Mitgliedern zur Verfügung. Die werden dann aber üppig bedient. Es gibt beispielsweise recht gute Infos zum Thema Reisewetter.

www.motorradsuche.de
Hier gibt's Tourenbeschreibungen, Hoteladressen, touristische Info.

www.tourenfahrer.de
Eine der informativsten Seiten für Motorradtreiber, die gern auf große Touren gehen. Auch findet man hier die Adressen von ge-

prüften Motorradhotels. Allerdings steht ein Teil des Onlineangebots nur Abonnenten der Zeitschrift zur Verfügung.

www.trentino.de
Ausführliche Tourismusinformationen über das Trentino, mit Wetterservice und Hoteladressen.

www.alpenpässe.de
Viele Alpenpässe werden hier aufgelistet und kurz beschrieben.

www.hallo.com
Offizielle Südtiroler Tourismus-Homepage, auf der man eine Menge Infos zu Kultur, Reise, Wetter und mehr findet. Allerdings sind nicht alle Orte im Gebiet berücksichtigt worden.

www.suedtirol.com
Gut gemachte Infopage mit ebenfalls umfassenden touristischen Informationen.

www.stol.it
Eine Mischung aus Tageszeitung, Illustrierter und Gästemagazin mit allem, was dazu gehört. Ausgezeichnet gemacht.

www.suedtirol-it.com
Jede Menge Infos zu Land und Leuten.

www.gardasee.de
Fast alles Wissenswerte rund um den Gardasee findet man hier.

Und noch was zum Schmunzeln (und sonst nichts)
www.old-men-oxers.de
Herrlich schrullig, chaotisch, aber einfach nett.

Kleiner Sprachführer

Die Aussprache italienischer Wörter ist im Prinzip einfach. Häufig wird auf der vorletzten Silbe betont. Die Aussprache entspricht mit wenigen Ausnahmen der Schreibweise:

C und G werden vor i und e als »tsch« bzw. »dsch« gesprochen, d.h. Cina = »Tschina«.

Vor a, o, u und h als k bzw. g: Chianti = »Kianti«.

Gn und gl werden wie »nj« bzw. »lj« gesprochen, d.h. Gnocchi wie »njokki«. Der Buchstabe h wird gar nicht ausgesprochen, ha = »a«.

Allgemein

Guten Tag	Buongiorno
Hallo	Ciao
Wie geht´s	Come sta?
Danke, gut	Bene, grazie
Ich heiße	Mi chiamo

Essen und Trinken

Die Speisekarte	il menu
Brot	pane
Kaffee	caffè
Tee	tè
Suppe	minestra
Fisch	pesce
Fleisch	carne
Geflügel	pollame
Beilage	contorno
Bier	birra
Aperitiv	aperitivo
Mineralwasser	aqua minerale
Frühstück	prima colazione
Mittagessen	pranzo
Abendessen	cena
Ich möchte bezahlen	Il conto, per favore

Im Hotel

Ich suche ein Zimmer für … Personen	Cerco una camera per … persone
Mit Dusche und Toilette	Con doccia e servizio
Mit Balkon	Con balcone
Wie viel kostet das Zimmer pro Nacht	Quanto costa la camera per notte
Mit Frühstück	Con prima colazione
Kann ich das Zimmer sehen	Posso vedere la camera
Haben Sie ein anderes Zimmer	Avete un´altra camera
Das Zimmer gefällt mir	Mi piace la camera
Kann ich mit Kreditkarte zahlen	Posso pagare con carta di credito
Wo kann ich parken	Dove posso mettere la moto

Notfälle

Ich brauche einen Arzt	Ho bisogno di un medico
Rufen Sie bitte einen Krankenwagen (die Polizei)	Chiami un'ambulanza, per favore (la polizia)
Wo ist das Polizeirevier	Dov'è la polizia
Ich bin bestohlen worden	Mi hanno derubato

Die Zahlen

1	uno	16	sedici
2	due	17	diciasette
3	tre	18	diciotto
4	quattro	19	dicianove
5	cinque	20	venti
6	sei	100	cento
7	sette	200	duecento
8	otto	300	trecento
9	nove	400	quattrocento
10	dieci	500	cinquecento
11	undici	600	seicento
12	dodici	700	settecento
13	tredici	800	ottocento
14	quattordici	900	novecento
15	quindici	1000	mille

Pannenwörterbuch

Einige hilfreiche Redewendungen für den Motorradfahrer:

Wie komme ich zum Händler …	Come arrivo dal concessionario …
Ich habe eine Panne mit dem Motorrad	Ho un guasto alla mia moto
Ich habe eine Reifenpanne	Ho forato un pneumatico
Das Motorrad springt nicht an	La moto non si avvia
Die Bremse funktioniert nicht	Il freno non funziona
Geräusche im Getriebe	Rumorosità nel cambio
im Motor	nel motore
in der Vorderradgabel	nel forcella anteriore
im Hinterradantrieb	trasmissione finale
Wie teuer ist die Reparatur	Quanto costa la riparazione
Können Sie mein Motorrad abschleppen	Può rimorchiare la moto

Südliche Tauerntäler

Schroff und bizarr bilden die Hohen Tauern eine trennende Barriere zwischen Nord- und Südeuropa. Erkunden Sie diesen wilden Gebirgsstock doch einfach mal etwas genauer, folgen Sie dem Roadbook und tauchen dabei in die Einsamkeit der oft noch ursprünglichen Täler ab.

Gleich im sehenswerten **Sterzing**, eine Stadt, die recht ungern auch auf ihren italienischen Namen Vipiteno hört, verlässt man das **Eisacktal** und damit synchron den ziemlich hektischen Stress der Moderne. Eine ununterbrochen volle Autobahn und die konsequent radarüberwachte **Brennerstraße** geraten nämlich in Null-Komma-Nichts in Vergessenheit, wenn man auf dem immer schmaler

Berge hoch – Motorrad klein – die mächtigen Tauern schotten Südtirol nach Norden hin ab.

NORDÖSTLICHES SÜDTIROL

*Kloster Neu-
stift, immer
einen Ab-
stecher wert*

werdenden Teerband durchs wild-romantische **Pfitscher Tal**
rollt. Dabei geht's vorbei an hübschen Tiroler Höfen und zu-
frieden grasenden Kühen. Eine Idylle, die man, wie des Öfteren auf dieser Tour, gleich zweimal genießen kann. Denn fast
alle Straßen in den Tälern der südlichen Tauern enden irgendwann und man muss auf gleichem Weg retour fahren.

Wer viel Zeit hat – und die sollte man sich für diese ein-
malige Tour wirklich nehmen – kann ja hier und da noch einen netten Per-Pedes-Abstecher weiter hinauf in die mächtige Gebirgswelt starten. Lohnt auf jeden Fall! Egal, ob man

SÜDTIROL MAL DEFTIG – ZUM NACHKOCHEN

Speckröllchen mit gemischtem Gemüse
Zutaten für 4 Personen:
8 Scheiben Südtiroler Bauern-speck
30 g Erbsen
40 g Saubohnen
80 g Aubergine
8 Spargelspitzen
60 g Zwergkürbisse (Zucchini)
40 g rote Paprikaschoten
Salz, Pfeffer, Olivenöl
Für die Sauce:
80 g Sahne
1/2 Löffel Essig
etwas Olivenöl, Kräuter
Für die Herstellung der Röllchen breite und lange Speckscheiben um eine Röhrchenform wickeln und dann herausziehen. Die ent-hülsten Erbsen und die Saubohnen abbrühen. In einem Hauch Olivenöl die in Würfel geschnittene Aubergine bei starker Hitze sautieren, nacheinander Erbsen, Saubohnen und ein Gemisch aus in Würfel geschnittenen Spargelspitzen, Zwergkürbissen (Zucchini) und roter Paprikaschote sowie Salz und Pfeffer zufügen.
Die 8 Speckröllchen mit dem kalten Gemüse füllen und mit einer Sauce aus Sahne, Essig, etwas Olivenöl, Salz und fein gehackten, aromatischen Kräutern anmachen.

nun per Holperpiste bis Stein fährt und dann weiter bergan Richtung Pfitscher Joch trabt, dabei dem mächtigen Hochfeiler samt Glet-scher die Ehre erweist oder eine derartige Wanderung auf später vertagt. Denn lohnende Gelegen-heiten, um eingerostete Knochen wieder auf Trab zu bringen, gibt es wahrlich noch genug.

Franzensfeste, Pustertal und Tauerntäler

Zurück in Sterzing beginnt der Turn über die recht gut frequentierte Brennerstaatsstraße Richtung Brixen. Aber schon gleich nach der mächtig imposanten Franzensfeste kehrt wieder etwas mehr Ruhe auf dem Asphalt ein. Wenn auch nur für einen Moment. Denn schon weist die SS 49 den Weg durchs recht schöne Pustertal, das in etwa die

geologische Grenze zwischen Tauern und Dolomiten beschreibt. Auf der Höhe von **Bruneck** folgt dann ein Linksschwenk mit weit reichenden Folgen, werden doch gleich drei Binnentäler hintereinander unter die Räder genommen. Erst geht's ins **Mühlwalder Tal**, dann ins **Ahrntal** und zuletzt ins **Raintal**. Wobei natürlich jeder Talschluss wieder reichlich Möglichkeiten bietet, um sich ausgiebig Blasen an den »Hax'n« zu holen. Erwähnenswert bei diesem traumhaften wie zeitintensiven Abstecher ist auf jeden Fall die noch heute bewohnte **Burg Taufers**. Oberhalb von **Sand in Taufers** thront sie auf einer breiten Felsstufe und lädt zur Besichtigung ein.

Bald wird es dunkel – Sonnenuntergang in den südlichen Tauern.

Höhepunkt am Staller Sattel

Ab Bruneck surft man wieder durch das Pustertal. Wer hofft, dass hier irgendwann mal weniger Autos und vor allem Brummis die Piste füllen, wird wohl meistens enttäuscht. Aber bis **Olang** muss man nur ein paar Mal schalten, denn schon dort zweigt das **Antholzer Tal** ab. Und damit beginnt

Alljährlicher Blütentraum am Kloster Neustift

ein zauberhafter Kurventraum in Vollendung, der – nur durch eine radikale Ampelsteuerung gebremst – erst wieder jenseits der 2000-Meter-Marke am Staller Sattel endet. Aber auch nicht muss, denn man kann hier bergab ins österreichische Defreggental kurven und via Lienz und Toblach nach **Welsberg** rollen.

Aber verweilen wir noch einen Moment am Staller Sattel und genießen einen herrlichen Rundumblick. Im Osten reicht die atemberaubende Aussicht weit ins liebliche Osttirol hinein, im Westen liegt das ebenso schöne Antholzer Tal zu Füßen und über allem erhebt sich das imposante Massiv der ewig weiß leuchtenden **Riesenfernergruppe**. Vor dieser grandiosen Kulisse kommt man sich ganz schön klein vor.

Spinatspatzn beim Brückenwirt

Motorradfahren macht hungrig, aber dagegen hat Paul Winkler, besser bekannt als Brückenwirt, ein probates Mittel: selbst gemachte Spinatspatzn und andere figurvernichtende Leckereien der äußerst schmackhaften Südtiroler Küche. Aber bevor es ans hemmungslose Schlemmen geht, stehen erst mal die lindwurmgleiche Bergabstrecke vom Staller Sattel, die bestimmt wieder volle Pustertalstraße von Olang

*Zufahrt
zum Kloster
Neustift*

nach Welsberg und dann der abschließende Turn ins abgele-
gene **Gsierser Tal** an. Aber zur Stärkung waren wir ja wenigstens beim Paul und seiner Mehlspeisküche.

Nr.	Straße km	Position	Richtung	Information	
20	– 19 km	Welsberg	Gsierser Tal	nach 3 km links »Brückenwirt«; am Straßen-ende weit oben auf Höhe Pidig Alm endet auch die beschriebene Strecke	19 km
10	SS 49 6,5 km	Olang	Welsberg	wieder auf SS 49 durch Pustertal, oft voll	SS 49 6,5 km
18	– 18 km	Staller Sattel	Olang	an Staller Sattel (2046 m) Weiterfahrt nach Osttirol möglich	18 km
17	– 18 km	Olang	Antholzer Tal	SS 49 verlassen, dann tolle Strecke zum Staller Sattel (Ampel mit langer Rotphase)	18 km
16	SS 49 8 km	Abzweig nach	Toblach	weiter durch das Pustertal, reichlich Verkehr und auch Radarkontrollen	SS 49 8 km
15	– 3 km	Bruneck	Toblach	Richtung SS 49 halten	3 km
14	– 15 km	Sand in Taufers	Bruneck	nun durch Taufer Tal retour	15 km
13	– 16 km	Knuttental	Sand in Taufers	ab Straßenende retour durch das wilde Tal	16 km
12	– 16 km	Sand in Taufers	Rein, Knutten-tal	wunderschöne Strecke	16 km
11	– 30 km	Trinkstein	Sand in Taufers	retour durch das Ahmtal	30 km
10	– 30 km	Sand in Taufers	Kasern, Trinkstein	durchs tolle Ahmtal bis zum Straßenende	30 km
9	– 2,5 km	Mühlen	Sand inTaufers	bald durch Sand in Taufers fahren	2,5 km
8	– 16,5 km	Neves-Stausee	Mühlen	ab Straßenende am Stausee auf gleicher Straße retour	16,5 km
7	– 16,5 km	Mühlen	Lappach, Neves-Stausee	durchs Mühlwalder Tal fahren	16,5
6	– 12,5 km	Bruneck	Sand in Taufers	durch das Taufer Tal fahren, in Bruneck sehenswertes Volkskundemuseum	12,5 km
5	– 4 km	Abzweig nach	Bruneck	SS 49 verlassen	4 km
4	SS 49 28 km	Abzweig nach	Bruneck	auf Höhe der sehenswerten Probstei Neustift abbiegen, dann oft volle Straße, aber land-schaftlich schön	SS 49 28 km
3	SS 12 29 km	Sterzing	Brixen	Brennerstraße oft voll, vor Brixen Franzensfeste	SS 12 29 km
2	– 25 km	Stein	Kematen, Sterzing	nach Kematen auf gleicher Strecke retour	25 km
1	– 24 km	Sterzing	Pfitscher Tal	über die Orte Wiesen, Kematen und St. Jakob durch das wunderschöne Pfitscher Tal nach Stein, zuletzt Holperstrecke	24 km

Dieses Roadbook zum Heraustrennen im Anhang

 **INFORMATION**

• Sterzing

Tourismusverein Sterzing (Vipiteno)
Stadtplatz 3
I-39049 Sterzing (Vipiteno)
Tel. 0039/0472/76 53 25,
Fax 0039/0472/76 54 41,
E-Mail info@infosterzing.it, Internet
www.teletour.de/italien/suedtirol/sterzing
oder www.infosterzing.it

• Steinhaus

TVB Ferienregion Tauferer Ahrntal
Ahrner Straße 95
I-39030 Steinhaus (BZ)
Tel. 0039/0474/65 20 81,
Fax 0039/0474/65 20 82,
E-Mail tauferer@ahrntal.com,
Internet www.tauferer.ahrntal.com

• Welsberg

Tourismusverein Welsberg (Monguelfo)
Pustertaler Str. 9
I-39035 Welsberg (Monguelfo)
Tel. 0039/0474/94 41 18,
Fax 0039/0474/94 45 99,
E-Mail welsberg@kronplatz.com,
Internet www.kronplatz.com/welsberg

 UNTERKUNFT

• Brixen

Hotel Temlhof
Elvaserrstr. 76
I-39042 Brixen (Bressanone)
Tel. 0039/0472/83 56 33,
Fax 0039/0472/84 55 39,
E-Mail temlhof@dnet.it,
Internet www.motor-bikehotels.com
Schönes »Motor Bike Hotel«, wo man ei-
gentlich immer auf Gleichgesinnte trifft.

• Welsberg

Hotel Dolomiten
Bahnhofstr. 13
I-39035 Welsberg (Monguelfo)
Tel. 0039/0474/94 41 46,
Fax 0039/0474/94 48 94,
E-Mail dolomiten@kronplatz.com,
Internet www.kronplatz.com/dolomiten
Preiswertes Haus mit richtig guter
Küche.

 ESSEN & TRINKEN

• Gsierser Tal

Brückenwirt
Wiesen 7 A
I-39035 Welsberg (Monguelfo)
Tel. 0039/0474/95 02 59
Frisch gemachte Spezialitäten der Südtiroler
Küche – lecker!

MOTORRADFAHREN

Ein längerer Aufenthalt in Eisack- oder Pustertal lohnt immer. Denn neben der beschriebenen Route gibt es auch reichlich kleine
Sträßchen und legale Almwege zu entdecken; hier lässt man den Trubel der heu-
tigen Zeit weit hinter sich. Außerdem sind
die Dolomiten und andere Top-Gebiete nicht
weit entfernt.

KARTE

Generalkarte Italien 1:1 200 000, Großblatt
3 »Brenner, Venedig, Triest«, Mairs Geographischer Verlag

VERANSTALTUNGEN

• Brixen
Autobergrennen Milland, jeweils im Juni.
Info: Tourismusverband Eisacktal
Brennerstr. 127
I-39040 Vahrn (BZ)
Tel. 0039/0472/80 22 32, Fax
0039/0472/80 13 15
E-Mail info@eisacktal.com,
Internet www.eisacktal.com

• Welsberg
Dorffest Welsberg, eine Mordsgaudi jedes
2. Jahr (2002 wieder) am 3. Sonntag im
Juli.
Info: Tourismusverein Welsberg (Monguelfo)
Pustertaler Str. 9
I-39035 Welsberg (Monguelfo)
Tel. 0039/0474/94 41 18,
Fax 0039/0474/94 45 99,
E-Mail welsberg@kronplatz.com,
Internet www.kronplatz.com/welsberg

SEHENSWERT

• Brixen
Diözesanmuseum Hofburg Brixen
Hofburgplatz 2
I-39042 Brixen
Tel. 0039/0472/83 05 05,
Fax 0039/0472/20 82 82,
E-Mail brixen@dioezesanmuseum.bz.it,
Internet www.dioezesanmuseum.bz.it
Krippensammlung, Kunst der Jahrhunderte
und mehr.

• Bruneck
Volkskundemuseum Dietenheim (bei Bruneck)
Herzog Diet-Straße 24
I-39031 Dietenheim
Tel. 0039/0474/55 20 87,
Fax 0039/0474/55 17 64,
E-Mail volkskundemuseum@provinz.bz.it,
Internet www.provinz.bz.it/volkskundemuseen
Das Museum für Volkskunde befindet sich in
einem alten, sehr stattlichen und herrschaftlichen Hof.

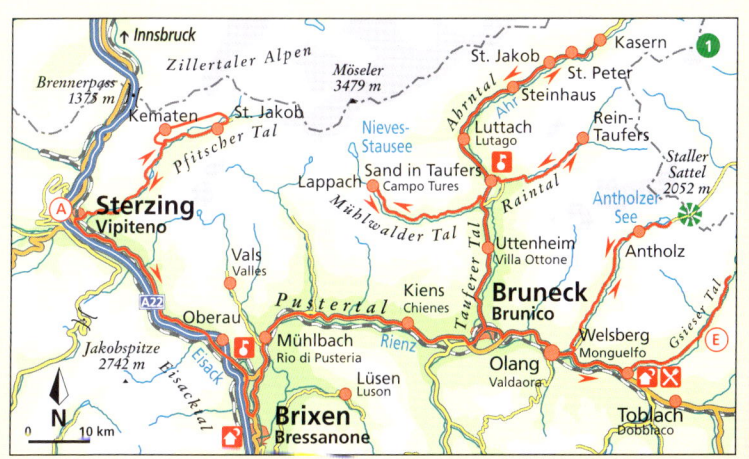

Pass-Spiele

Gleich fünfmal geht es bei dieser traumhaften Runde rauf und runter. Nach der Höhe von Hafling warten das Timmelsjoch, dann der Jaufenpass, danach das Penser Joch und zum Schluss die Höhenstraße über Klobenstein retour nach Bozen.

Sparen Sie sich also demnächst lieber die Eintrittskarten für die Achterbahn – nehmen Sie doch lieber die hier vorgestellte Runde unter die Pneus. Ist viel besser, versprochen. Dennoch sollte man vor der fast ausufernden Schräglagenorgie ein wenig Zeit für Bozen einplanen. Südtirols quirlige Metropole hat nämlich noch ein wenig mehr zu bieten, als allzeit nur verstopfte Straßen, stickige Luft und

Unterwegs auf der Höhe nahe Jenesien, nur ein paar Schaltvorgänge hinter Bozen

Rechte Seite: Höhenstraße zwischen Jenesien und Hafling, im Hintergrund der Mendelkamm

sommerliche Rekordtemperaturen. Wie wär's also mit einem gemütlichen Bummel durch die wunderschöne Altstadt, wo man beispielsweise in der Laubengasse Handel und Wandel, wie seit Jahrhunderten geübt, erleben kann. Oder man stattet dem »Ötzi« einen musealen Besuch ab. Und – es gäbe noch so viel mehr, aber irgendwann muss man den Motor ja doch mal starten.

Höhenflug über Hafling nach Meran

Touristischer Wallfahrtsort: das berühmte Kirchlein bei Hafling und dahinter die mächtige Texelgruppe

Bozen liegt also im Talkessel gefangen, auf nur rund 270 m über dem Meeresspiegel. Hafling dagegen kratzt locker an der schon recht luftigen 1300-Meter-Marke. Satte 1000 Höhenmeter stehen also schon dort an, wo man es möglicherweise gar nicht vermutet hätte. Außerdem stellt die teils verwegen gebaute Straße, die manchmal eher als Fahrweg durchgeht, ein besonderes Zuckerl dar: klein, fein, aussichtsreich. Motorradfahrerherz, was willst Du mehr? Und dann geht es bergab. Das Teerband schlängelt und windet sich am

Reet oder besser gesagt Stroh auf dem Dach, war früher in Südtirol die Regel, heute ist aber fast vergessene Ausnahme.

Steilhang entlang Richtung Meran, das immer etwas näher rückt. Hauptsache der unvorstellbare Blick aus dieser genialen Vogelperspektive mündet nicht in einem fatalen Irrtum. Denn Sie haben garantiert keinen Hebel für die Landeklappen und auch keinen für die Schubumkehr. Also, vergessen Sie bitte nicht, mit welchem Gefährt Sie den Höhenflug über Hafling nach Meran unternehmen!

Märchenkaiserin Sissi

Meran, zeitweise Wahlheimat der österreichischen Kaiserin Elisabeth, genannt Sissi, präsentiert sich heutzutage als Mekka für Graue Panther, die hier urlauberderweise ihre Rente verprassen. Und nicht nur das, denn die ganze Stadt ist voller Touristen. Logische Konsequenz: Hier gibt's Stop-

---

SPECIAL

Andreas Hofer: Der am 22. November 1767 in St. Leonhard/Österreich geborene Tiroler Freiheitskämpfer übernahm die Führung im Tiroler Freiheitskampf gegen die bayerische Herrschaft, als Tirol im Frieden von Preßburg (1805) Bayern, einem Verbündeten Frankreichs, zugesprochen wurde. Er stellte ein Volksaufgebot zusammen und besiegte im Mai 1809 am Berg Isel die bayerische Armee. Ungeachtet der Garantien, die Kaiser Franz II. Hofer gegeben hatte, wurde Tirol im Waffenstillstand von Znaim dennoch Frankreich überlassen. In der Folge marschierte eine Armee von 40 000 Mann (Franzosen und Bayern) in Tirol ein, die aber wieder am Berg Isel bei Innsbruck geschlagen wurde. Hofer wurde danach Regent von Tirol. Im Oktober 1809 wurde im Vertrag von Schönbrunn Tirol wieder Bayern zugesprochen und anschließend erneut von französischen Truppen besetzt. Hofer und seine Untergebenen setzten den erbitterten Widerstand zwar fort, wurden aber diesmal vernichtend geschlagen. Andreas Hofer wurde verhaftet, vor ein Kriegsgericht gestellt und am 20. Februar 1810 in Mantua (Italien) hingerichtet.

and-Go vom Zebrastreifen bis zur nächsten Ampel, oder umgekehrt. Da bleibt genug Zeit, um sich in Ruhe zu überlegen, ob man nicht lieber gleich einen richtigen Zwischenstopp einlegt. Denn zu sehen gäbe es genug, wie die landesfürstliche Burg, alte Stadttore, eine gotische Pfarrkirche aus dem 14. und eine aus dem 15. Jahrhundert, die Kurpromenaden entlang der wilden Passer und, und, und …

Marterl am Staßenrand bei Hafling

Timmelsjoch, Jaufenpass und Penser Joch

Ob man sich mit Meran nun doch länger beschäftigt oder der Kurmetropole seine Aufwartung eher im »Ruck-Zuck-Verfahren« macht, ist nicht entscheidend, denn früher oder später landet man doch in St. Leonhard im Passeier. Und da steht der nächste Megaspaß an, und danach, damit man erst gar nicht aus der Übung kommt, der übernächste. Aber der Reihe nach.

Zunächst holt man sich einen zünftigen Drehwurm beim Bergansurf hinauf zum

NÖRDLICHES SÜDTIROL

2491 m hohen Timmelsjoch. Hier wäre übrigens die maut-pflichtige(!) Weiterfahrt nach Österreich möglich. Aber wir bleiben in Südtirol, das noch vieles zu bieten hat, und das ohne, dass man ständig das Portemonnaie zücken muss. An-statt also der kecken Wegelagerei Vorschub zu leisten, kehrt man wieder um, düst retour ins Tal und startet dort den nächsten Trip. Diesmal geht's zum Jaufenpass, auch auf rund 2000 m Höhe gelegen. Unheimlich stark, wie auch etwas später das wunderschöne Penser Joch, das es noch auf ein paar Höhenmeter mehr bringt.

Krönender Abschluss

Anschließend kurvt man an der Talfer entlang durchs **Penser Tal**, das nahtlos ins **Sarntal** übergeht. Aller Spaß schon zu Ende? Keineswegs, denn es wartet noch der krönende Ab-schluss. Ganz wie zu Anfang ist es ein kleines Sträßchen, das aussichtsreich über **Oberinn**, **Kematen** und **Klobenstein** retour ins quirlige Bozen führt.

Nr.	Straße km	Position	Richtung	Information		
10	- 18,5 km	Klobenstein	Bozen	in der Nähe kann man die berühmten Erdpyramiden bestaunen		18,5 km
9	- 15,5 km	Abzweig nach	Kematen, Klobenstein	kleines, sehr feines Kurvenensemble über Wangen und Oberinn nach Klobenstein		15,5 km
8	SS 508 47 km	Abzweig nach	Samtheim	auf Höhe Brennerautobahn rechts abbiegen, es folgt das tolle Penser Joch		SS 508 47 km
7	SS 44 30 km	Sankt Leonhard	Sterzing	es folgt ein Super-Kurvenspaß über den Jaufenpass		SS 44 30 km
6	SS 44 27 km	Timmelsjoch	Sankt Leonhard	auf gleicher Strecke retour, allerdings gerade-aus Abstecher (mautpflichtig) nach Österreich möglich		SS 44 27 km
5	SS 44 27 km	Sankt Leonhard	Timmelsjoch	Superkurvenstrecke bis hinauf auf 2491 Meter		SS 44 27 km
4	- 24 km	Meran	Sankt Leonhard	hübsche Stadt mit sehr sehenswerter Umgebung		24 km
3	- 10,5 km	Hafling	Meran	rechts Abstecher zur Kapelle Hafling mit Traumaussicht auf Texelgruppe möglich		10,5 km
2	- 23 km	Jenesien	Hafling	wunderschöne Höhenstrecke über Flaas, Mölten und Vöran nach Hafling		23 km
1	- 8 km	Bozen	Jenesien	schwieriges Herauswuseln aus Bozen, sehenswerte Innenstadt		8 km

Dieses Roadbook zum Heraustrennen im Anhang

Traumhafte Höhen-straße zwischen Jenesien und Hafling

NÖRDLICHES SÜDTIROL

INFORMATION

- **Bozen**

Verkehrsamt Bozen (Bolzano)
Waltherplatz 8
I-39100 Bozen (Bolzano)
Tel. 0039/0471/30 70 01,
Fax 0039/0471/98 01 28,
E-Mail info@bolzano-bozen.it,
Internet www.bolzano-bozen.it oder
www.hallo.com

- **Sankt Leonhard**

Tourismusverein St. Leonhard
im Passeier
(S. Leonardo in Passiria)
Passeirer Straße 40
I-39015 St. Leonhard/Passeier
(S. Leonardo in Passiria)
Tel. 0039/0473/65 61 88,
Fax 0039/0473/65 66 24,
E-Mail info@passeiertal.org,
Internet www.passeiertal.org

- **Sterzing**

Tourismusverein Sterzing (Vipiteno)
Stadtplatz 3
I-39049 Sterzing (Vipiteno)
Tel. 0039/0472/76 53 25,
Fax 0039/0472/76 54 41,
E-Mail info@infosterzing.it,
Internet www.teletour.de/italien/
suedtirol/sterzing
oder www.infosterzing.it

- **Sarntal**

Tourismusverein Sarntal
Europastr. 15
I-39058 Sarnthein (Sarentino)
Tel. 0039/0471/62 30 91,
Fax 0039/0471/62 23 50,
E-Mail info@sarntal.com
Internet www.sarntal.com

UNTERKUNFT

- **Schenna bei Meran**

Hotel Fink
Verdinserstr. 9b
I-39017 Schenna
Tel. 0039/0473/94 58 48,
Fax 0039/0473/94 56 62,
E-Mail fink@schenna.com,
Internet www.hotel-fink.com
Schönes Haus mit Aussicht über das Etschtal.

ESSEN & TRINKEN

- **Meran**

Café-Restaurant Töllerkeller
Alte Landstraße 38
I-39022 Algund bei Meran
Tel. 0039/0473/20 06 98

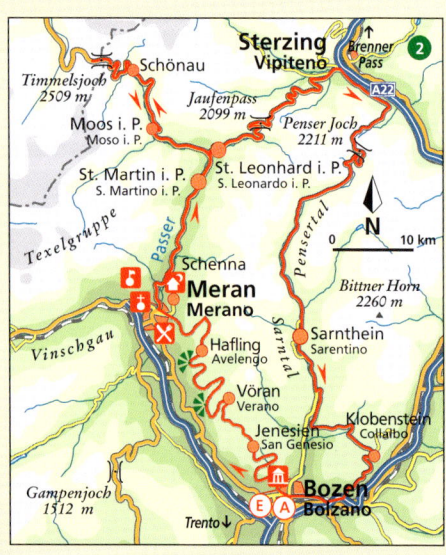

Sympathisches Restaurant, in dem man stets frische Spezialitäten aus der Tiroler und der feinen italienischen Küche serviert. Am Nachmittag gibt's auch Kaffee und Kuchen.

- **Passeier**
Bucherkeller
Kellerlahn 4
I-39010 St. Martin in Passeier
Tel. 0039/0473/65 00 15
Törggelekeller mit Brettl Marenden, hausge-machtem Speck, selbst angebautem Wein und leckeren Nudelgerichten im Pfandl ser-viert.

MOTORRADFAHREN

Klar, Jaufenpass oder Penser Joch sind gut bekannt. Genügend Zweiradfans sausen hier entlang, wenn sie Südtirol einen Besuch ab-statten. Aber das ist nicht alles, was das Ge-biet so interessant macht. Viele kleine Straßen führen nämlich hier und da als Stichwege oder gar als Runden über die Höhen von Etsch-, Sarn- und Eisacktal, wofür diese tolle Runde immer wieder erst-klassige Beispiele liefert.

KARTE

Generalkarte Italien 1:200 000, Großblatt 2 »Brenner, Verona, Parma«, Mairs Geographi-scher Verlag

VERANSTALTUNGEN

- **Bozen**
Gastronomische Woche »Altbozner Kost«, jedes Jahr Anfang Mai.
Info: Verkehrsamt Bozen (Bolzano)

Waltherplatz 8
I-39100 Bozen (Bolzano)
Tel. 0039/0471/30 70 01,
Fax 0039/0471/98 01 28,
E-Mail info@bolzano-bozen.it,
Internet www.bolzano-bozen.it oder www.hallo.com

- **Meran**
Internationales Pferderennen »Großer Preis von Meran«, jedes Jahr Ende September.
Info: Kurverwaltung Meran
Freiheitsstr. 45
I-39012 Meran (Merano)
Tel. 0039/0473/23 52 23,
Fax 0039/0473/23 55 24
E-Mail info@meraninfo.it,
Internet www.meraninfo.it

SEHENSWERT

- **Bozen**
Museion
Sernesistr. 1
I-39100 Bozen
Tel. 0039/0471/97 71 16,
Fax 0039/0471/98 00 01,
E-Mail info@museion.it,
Internet www.museion.it

- **Museum für moderne Kunst**
Südtiroler Archäologiemuseum
Museumstr. 43
I-39100 Bozen
Tel. 0039/0471/98 20 98,
Fax 0039/0471/98 06 48,
E-Mail museum@iceman.it,
Internet www.iceman.it
Hier findet man den »Mann aus dem Eis« (Ötzi). Außerdem werden Stein-, Kupfer-, Bronze-, Eisen-, und die Römerzeit bis zu Karl dem Großen (800 n. Chr.) in einem an-spruchsvollen Parcours durch 15 000 Jahre Geschichte präsentiert.

Leckeres Obst und weiße Riesen

Eingebettet zwischen Ötztaler Alpen und Texelgruppe im Norden und dem Ortlermassiv im Süden erstreckt sich zwischen Meran und dem Reschenpass lang gezogen der Vinschgau – ein herrliches Fleckchen Erde, das es hier zu entdecken gibt.

Am besten fährt man gleich früh im Jahr ins sonnenverwöhnte Vinschgau. Denn wenn in den Nordalpen Skiabfahrten noch bis ins Tal hinunter möglich sind, erstrahlen hier schon plantagenweise allerlei Obstbäume in einer üppigen Flut von weißen oder zartrosa Blüten. Die Böden darunter versinken derweil im Gelb des in großflächigen Rabatten blühenden Löwenzahns. All das bildet einen geradezu grandiosen Kontrast

Auch Part-schins liegt eingebettet zwischen Apfelblüten und dem ewigen Schnee der Texel-gruppe.

*Intakte
Wasser-
mühle bei
Partschins*

zu den umliegenden, dann noch mit reichlich Schnee bedeckten Gipfeln, die wie Riesen schützend ihre Hände über das paradiesische Tal auszubreiten scheinen. An der für Nordlichter bestens bekannten Einflugschneise am Reschenpass, wo diese Tour auch startet, lässt sich oben beschriebenes Potpourri aus frischen Farben allerdings nicht sogleich genießen. Denn man liegt mit 1500 Höhenmetern einfach noch zu hoch. Dafür gilt es, eine halb versunkene Kirche im **Reschensee** zu bestaunen oder einen Cappuccino im bekanntesten Motorradpensionat der Gegend zu schlürfen. Und eines ist geradezu garantiert: Beim Wallnöfer in **Reschen** trifft man immer Gleichgesinnte.

SPECIAL

Der 1944 in Brixen geborene Reinhold Messner begann bereits früh mit dem Bergsteigen in den Dolomiten. In den 60er Jahren wagte er eine ganze Reihe von Erstbegehungen, beispielsweise durch die Ortler-Nordwand, die Civetta-Nordwestwand oder auf den Eiger-Nordpfeiler. 1970 unternahm er seine erste Himalaya-Expedition gemeinsam mit seinem jüngeren Bruder Günther, der beim Abstieg vom Nanga Parbat durch eine Lawine ums Leben kam.

1971 hängte Messner seinen Beruf als Mathematiklehrer an den Nagel und wurde professioneller Bergsteiger. 1978 sorgte er dann für richtige Schlagzeilen, als er zusammen mit Peter Habeler erstmals den Mount Everest ohne Sauerstoffgerät bezwang. Es folgten Alleinbesteigungen des Nanga Parbat und des Mount Everest, wiederum ohne Sauerstoffmaske. Danach »sammelte« er Achttausender, bis er im Oktober 1986 mit der Besteigung des Lhotse in Nepal als einziger Mensch alle 14 Achttausender bezwungen hatte. Aber auch danach wurde die Öffentlichkeit immer wieder auf Reinhold Messner aufmerksam, denn er durchquerte mit Arved Fuchs in 92 Tagen zu Fuß die Antarktis und zuletzt hörte man in Sachen Yeti von ihm.

»Hochalpin«

Das **Langtauferer Tal** ermöglicht einen abenteuerlichen Trip bis unter die Weißseespitze. Alles wirkt karg und zudem auch recht unwirtlich. Steile, fast senkrecht in den Himmel ragende Berghänge – nur in etwas höheren Lagen schon gänzlich baumfrei – bestimmen das Bild, das man so später im **Matscher-** und auch im Martelltal noch mal erlebt. Da ist es jeweils ebenso interessant wie schroff, und man kommt sich auf seinem Motorrad ganz schön winzig vor. Ganz anders dagegen präsentiert sich die Strecke zwischen **Mals** und **Schlanders**, wo man aussichtsreich durch die steile Südflanke des Tals surft.

Wie ein Adlerhorst thront Katharina-berg hoch über dem Schnalstal.

Endlich treten die Felsarrangements der Ötztaler Alpen oder des Ortlermassivs ein wenig in den Hintergrund. Denn weil es hier fast das ganze Jahre über viel Sonne gibt, gedeiht eine beinahe mediterrane Vegetation, wie man sie sonst so erst wieder etliche Kilometer weiter südlich vorfindet.

*Wochen-
markt*

Schnalstal
und wildromantisches Pfossental

Nahe **Naturns**, gleich unterhalb der **Burg Juval**, wo Bergfex
Reinhold Messner sein angemessenes Zuhause hat, startet der
interessante Kurztrip ins Schnalstal. Auf einer den steilen Fels-
wänden abgerungenen Straße rollt man nochmals retour in
hochalpine Regionen. Am abrupten Talende lockt die Gletscher-
bahn ganzjährig Skifahrer. Hier drehen wir um. Auf halbem Weg
zurück, gleich unterhalb des abenteuerlich wie ein Adlerhorst auf
einem kleinen Bergplateau thronenden Weilers **Katharinaberg**,
zweigt dann ein einspuriges Holpersträßchen ins wilde Pfossental ab. Am wirklich urigen – oder sollte man lieber sagen ursprünglichen – Gasthaus **Vorderkaser**, endet dann alle Fahre-
rei. Beste Gelegenheit übrigens, um verloren gegangene
Kalorien auf deftig-leckere Art wieder auszugleichen.

Staubende Wasser

Bevor die gemütlich brodelnde Kurmetropole **Meran** dieser
landschaftlich ganz sicher beeindruckenden Runde ein ange-

NORDWESTLICHES SÜDTIROL

Nordwestliches Südtirol

messenes Ende setzt, lohnt noch der Weg hinauf zum imposanten Wasserfall von **Partschins**. Allerdings muss man die letzten Meter dorthin per pedes unternehmen. Das ist zunächst erst mal schweißtreibend, dann aber so richtig angenehm, weil staubende Gischt wieder für prickelnde Erfrischung sorgt. Eben genau das richtige »Fade out« für ein erstklassiges Motorradabenteuer.

Nr.	Straße km	Position	Richtung	Information	
17	- 18 km	Naturns	Meran	in Partschins nach 9 km links Abstecher zu Wasserfall möglich	- 18 km
16	- 13 km	Vorderkaser	Naturns	ab Gasthof Vorderkaser retour nach Karthaus, dort dann durchs Schnalstal bergab nach Naturns	- 13 km
15	- 4 km	Karthaus	Pfossental	recht holprige und abenteuerliche Strecke	- 4 km
14	13,5 km	Kurzras	Naturns	ab Straßenende zunächst retour durch das Schnalstal	13,5 km
13	- 22 km	Kompatsch	Schnalstal	Abzweig befindet sich unter Burg Juval, wo Reinhold Messner zuhause ist	- 22 km
12	- 14 km	Goldrain	Meran	ab Latsch auf SS 38 Richtung Meran	- 14 km
11	- 20,5 km	Zufrittsee	Goldrain	ab Straßenende retour durch das wilde Martelltal	- 20,5 km
10	- 22 km	Goldrain	Martelltal	nach 1,5 km rechts Richtung Martelltal	- 22 km
9	SS 38 4 km	Schlanders	Meran	nur kurz auf SS 38 bleiben	SS 38 4 km
8	- 13 km	Schluderns	Tannas, Schlanders	kleine Straße mit Superaussicht	- 13 km
7	SS 40 4 km	Mals	Meran	kurz auf SS 40 an Etsch entlang	SS 40 4 km
6	- 13,5 km	Tanai	Mals	ab Straßenende retour durch das Matscher Tal	- 13,5 km
5	- 13,5 km	Mals	Matsch, Tanai	wieder ein wunderschöner Abstecher	- 13,5 km
4	SS 40 26 km	Graun	Meran	im Reschensee kann man die bekannte, halb versunkene Kirche bestaunen	SS 40 26 km
3	- 11 km	Melag	Graun	ab Straßenende retour durch das Langtauferer Tal	- 11 km
2	- 11 km	Graun	Langtauferer Tal	schöne Strecke Richtung Einsamkeit	- 11 km
1	SS 40 5,5 km	Reschenpass	Meran	der Start befindet sich exakt an der Staatsgrenze zwischen Italien und Österreich	SS 40 5,5 km

Dieses Roadbook zum Heraustrennen im Anhang

Wo die Gischt so staubt: höchster Wasserfall Südtirols bei Partschins

NORDWESTLICHES SÜDTIROL

INFORMATION

• **Vinschgau**
Tourismusverband Vinschgau
Kapuzinerstr. 10
I-39028 Schlanders (Silandro)
Tel. 0039/0473/62 04 80,
Fax 0039/0473/62 04 81,
E-Mail vinschgau@suedtirol.com,
Internet www.vinschgau.suedtirol.com

• **Schnalstal**
Tourismusverein Schnalstal
Kasthaus 42
I-39020 Schnalstal/Südtirol
Tel. 0039/0473/67 91 48,
Fax 0039/0473/67 91 77,
E-Mail Schnals@dnet.it,
Internet www.schnalstal.org

• **Meran**
Kurverwaltung Meran
Freiheitsstr. 45
I-39012 Meran (Merano)
Tel. 0039/0473/23 52 23,
Fax 0039/0473/23 55 24, E-Mail info@
meraninfo.it, Internet www.meraninfo.it

 UNTERKUNFT

• **Reschen am See**
Garni Wallnöfer
Hauptstr. 12
I-39027 Reschen
Tel. 0039/0473/63 32 27,
Fax 0039/0473/63 23 19,
E-Mail j.wallnöfer@rolmail.net,
Internet www.moto-bike-wallnoefer.it
Die Motorradadresse im Gebiet schlecht-
hin.

• **Nauders (im nahen Österreich)**
Hotel Nauderer Hof
A-6543 Nauders
Tel. 0043/5473/8 77 04,
Fax 0043/5473/8 77 77, E-Mail nauderhof@
tirol.com, Internet www.naudererhof.at
Nobles 4-Sterne-Hotel mit allem Komfort.

Gästeheim Sigrid
A-6543 Nauders
Tel. 0043/5473/8 74 29,
Fax 0043/5473/8 61 67
Preiswert, bodenständig, gut.

• **Schenna bei Meran**
Hotel Fink
Verdinserstr. 9b, I-39017 Schenna
Tel. 0039/0473/94 58 48,
Fax 0039/0473/94 56 62,
E-Mail fink@schenna.com,
Internet www.hotel-fink.com
Schönes Haus mit Aussicht über das Etschtal.

 ESSEN & TRINKEN

• **Reschen**
Motorradcafé Biker News im Garni Wallnö-
fer in Reschen (Adresse s. oben).
Imbisse und mehr.

• **Pfossental**
Gasthaus Vorderkaser, am Straßenende im
Pfossental. Hausmannskost auf Südtiroler
Art.

MOTORRADFAHREN

Das Vinschgau liegt zentral und grenzt im
Westen an Österreich und die Schweiz. Das
garantiert allerbeste Motorradabenteuer mit
ständig anderen Passstraßen.

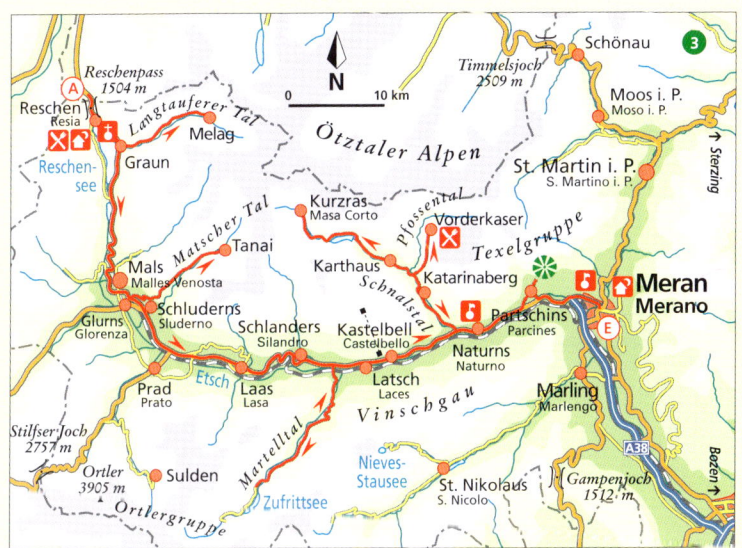

KARTE

Generalkarte Italien 1:200 000, Großblatt 3
»Brenner, Verona, Parma«, Mairs Geographischer Verlag.

VERANSTALTUNGEN

• Reschen

Internationales Skijachting Reschen-Stilfser
Joch (jedes Jahr im Juli!)
Info bei Tourismusverband Vinschgau (s.
oben)

SEHENSWERT

• Reschensee

Kirchturm von Alt-Graun, das meist abgebildete Fotomotiv des Vinschgaus. 1950 musste
ein Dorf dem Bau des Stausees weichen und
als Erinnerung daran ragt heute der Turm
aus dem See.

• Mals

Benediktinerstift Marienberg (12. Jh.) in Burgeis. Das Kloster der Grafen von Tarasp/
Engadin (Tel. 0039/0473/83 13 06)

• Laas

Seilbahn St. Martin am Kofel, ganzjährig im
Betrieb, führt zum kleinen Dorf St. Martin
am Kofel, von wo aus man wunderschöne
Wanderungen zu ursprünglichen Bauernhöfen unternehmen kann.

• Kastelbell

Schloss Kastelbell, 1238 erbaut von den Herren von Montalban. 1825 abgebrannt und
wieder hergerichtet. Führungen: Mitte Juni
bis Mitte Oktober.
Schloss Juval, 1278 erbaut und seit 1983
Wohnsitz von Reinhold Messner, der mehrere Kunstsammlungen dort untergebracht
hat; Tibetika-Sammlung, Bergbildgalerie
usw. Führungen ab Palmsonntag – 30.06.
und 01.09 – Anfang Nov. täglich 10–16 Uhr
(Tel. 0039/0473/22 18 52). Mi Ruhetag.

Durch die bleichen Berge

»Dolomiten« – wenn man nur an diesen Teil der Alpen denkt, wird in Motorradfahrerkreisen schon jeder unruhig. Denn rund um die meist ziemlich abrupt in den Himmel ragenden Kalkmassive gibt's mit die besten Touren, die man auf unserem Planeten finden kann.

Start und Ziel dieser absoluten Traumtour befinden sich in **To-blach** im **Hochpustertal**. Bevor es aber »so richtig ernst wird«, bleibt im **Höhlensteintal** auf lang gezogenen Geraden erst mal Zeit zum angemessenen Warmfahren. Aber dann geht's richtig los. Die anschließende Strecke von **Schluder-bach** Richtung **Misurina See** bringt nämlich nicht nur ordentlich Höhenmeter, sondern auch schon mal die

Auf dem Weg von Cortina zum Falzarego

ÖSTLICHES SÜDTIROL

53

*Frühjahrs-
anblick der
Drei Zinnen
– aus dieser
Perspektive
sind aller-
dings nur
zwei davon
zu sehen.*

eine oder andere kernige Schräglage. Vor allem auch dann, wenn man sich den mautpflichtigen Abstecher hinauf Richtung »**Drei Zinnen**« gönnt. Anschließend swingt man via dem **Passo Tre Croce** hinüber nach **Cortina d'Ampezzo**. Im Olympiaort von 1956, der bereits in der Provinz Belluno liegt, beginnt die Strecke hinauf zum **Passo di Falzarego**, und die setzt dem bis hierher Erlebten noch mal eine Krone auf.

Wege des Krieges

Verweilen wir ein wenig und gedenken der tapferen Helden, die ihren Leib teils freiwillig, teils gezwungenermaßen zu Felde trugen und deswegen oft wenig heldenhaft für das Vaterland den Tod fanden. Denn mitten über den herrlichen Passo di Falzarego verlief in den Jahren 1915–1917 die mörderische Alpenfront, an der sich vorwiegend Österreicher und Italiener gegenüber lagen. Artilleriegeschosse und eine Haubitze aus jener grausamen Zeit können hier oben übrigens noch bestaunt, aber wahrlich nicht bewundert werden. Außerdem sollte man sich darüber im Klaren sein, dass viele der Passstraßen, die sich in den Dolomiten heutzutage so zauberhaft genießen lassen, früher einmal Wege des Krieges waren. Sie wurden einzig und allein dafür gebaut, um Truppen, Waffen und Munition hinauf und Tote oder Verwundete wieder herunter zu transportieren. Und zwar in genau dieser Reihenfolge.

Serpentinenensemble bis zum Abwinken

Wenden wir uns aber lieber den Dingen zu, die wohl als einzig schöne Erinnerung des Ersten Weltkriegs übrig blieben: Ein Spitzkehren- und Serpentinenensemble, das erst ganz weit unten in **Caprile** ein jedoch nur vorläufiges Ende findet. Denn schon nach ein paar Kilometern erlebt man annähernd Ähnliches bergan, quert den **Passo di Fedáia** unterhalb des imposanten **Marmoladagletschers** und nimmt bergab ins **Fassatal** wieder Kurven in allerschönsten Variationen unters Gummi.

Das geht danach am **Karer Pass** genauso weiter. Apropos Karer Pass: Gleich unterhalb, schon in der Provinz Bozen ge-

Belluneser Baukunst bei Rocca Pietore

legen, taucht links neben der Straße der **Karer See** auf. Wenigstens im Frühjahr, wenn das flache Gewässer von der Schneeschmelze üppig gefüllt ist, lässt sich der Gebirgsstock des **Latemar** als attraktive Spiegelung auf der glitzernden Wasseroberfläche bewundern.

15 kernige Serpentinen am Stück

Ab **Welschnofen** rollt man auf einer Straße weiter, deren Existenz von vielen Karten klammheimlich verschwiegen wird. Das garantiert ein ziemlich ungetrübtes Fahrvergnügen bis hinein nach **Steinegg**. Der Ort kauert übrigens nicht nur wie ein Adlerhorst hoch über Südtirols Metropole Bozen, sondern beherbergt auch das überregional bekannte Motorradhotel »Steinegger Hof«. Hier treibt übrigens Franz Schgaguler, der auch bei der Zusammenstellung der Touren für dieses Buch behilflich war (danke!!), des Öfteren sein positives Unwesen. Will heißen, dass er als Guide den Gästen des Hauses die wirklich besten Strecken zwischen Gardasee und Tauern, zwischen Ortler und dem gar nicht mehr weit entfernten Venedig zeigt. Allerdings steht vor den meisten Touren gleich ein fahrtechnisches Zuckerl. Will man nämlich hinunter ins **Eisacktal** oder nach **Bozen**, dann warten ab dem Ortsende 15 kernige Serpentinen am Stück, und die gilt es auch bei dieser Runde zu meistern.

Hübsch herausgeputzte Dörfer

Ab **Blumau** geht's wieder bergan. Die teilweise Umrundung des 2564 m hohen **Schlern**, ein mächtiger Kalkklotz, der als

SPECIAL

Die Dolomiten: was für ein Gebirge! Schroff, bizarr und wie der Name schon vermuten lässt, besteht es hauptsächlich aus dem gesteinsbildenden Mineral Dolomit (CaMg(CO3)2), benannt nach dem französischen Mineralogen D. de Gratet de Dolomieu (1750–1801), der dieses Mineral erstmals beschrieb. Den Sockel des wilden Gebirges bilden aber häufig andere Gesteine, wie Schiefer, Sandsteine oder auch magmatische Porphyre. Landläufig unterscheidet man die Belluneser, Friauler, Ampezzaner, Grödner, Fassaner, Sextener Dolomiten, aber auch die westlich der Etsch gelegene Brentagruppe gehört noch dazu. Der höchste Berg im Gebiet ist die Marmolada mit einer Höhe von 3342 m, aber noch rund 20 andere Gipfel erreichen Höhen von über 3000 m. So ist es nicht verwunderlich, dass mehr als 40 Gletscher den oft bizarren Bergen weiße Hüte aufsetzen.

Wenigstens in den klassischen Dolomiten, also östlich der Etsch, lebte ursprünglich die Volksgruppe der Ladiner, deren Kultur sehr stark durch die aus dem Norden stammenden Bajuwaren (Bayern) geprägt und auch durch italienische Einflüsse verändert wurde. Heute leben noch etwa 20 000 Angehörige dieser einst keltischen Volksgruppe. Hinweis: In diesem Buch werden Motorradtouren durch den Teil der Dolomiten beschrieben, die in Südtirol oder im Trentino liegen. Ein Extraband »Dolomiten« wird demnächst weitere Traumstrecken zwischen Venedig und dem Karnischen Kamm, zwischen Asagio und dem Isonzo vorstellen.

Traumwelt am Fedáia mit Blick auf die Civetta (3218 m)

Wahrzeichen Südtirols gilt, steht an. Dabei passiert man hübsch herausgeputzte Dörfer wie **Völs** oder auch **Kastelruth**, Heimat der (je nach Musikgeschmack) berühmtberüchtigten Spatzen. In **Seis** – nur etwas weiter – bietet sich zudem ein Abstecher zur **Seiser Alm** an.

Allerdings ist die größte Hochalm Südtirols, so scheint es, längst überregional bekannt. Entsprechender Betrieb herrscht daher auf der Alm selbst, aber auch auf der Zufahrtsstraße. Daher sollte man auf eine Erfahrung in Sachen Massentourismus verzichten, jedenfalls wenn man den Ausgangspunkt dieser Zauberrunde noch vor Einbruch der Dunkelheit erreichen will. Immerhin warten ja noch herrlichste Strecken im **Grödner Tal**, am **Grödner Joch**, im **Gadertal** und am **Furkelsattel**, bevor man das Hochpustertal wieder erreicht.

Nr.	Straße km	Position	Richtung	Information	
19	SS 49 10 km	Welsberg	Toblach	nach 2,5 km lohnende Abstecher rechts zu Pragser Wildsee und zur Hochalm Plätzwiese	SS 49 10 km
18	– 18 km	Olang	Welsberg	in Olang auf kleine Straße abbiegen	– 18 km
17	– 10 km	St. Vigil	Furkel-sattel, Olang	wunderschönes kleines Passsträßchen	– 10 km
16	– 3 km	Zwischen-wasser	St. Vigil/ Enneberg	SS 244 verlassen	– 3 km
15	SS 244 21 km	Corvara	Bruneck	schönes Gadertal	SS 244 21 km
14	SS 243 9 km	Plan de Gralba	Corvara	Traumsurf über Grödner Joch, dort Superaussicht	SS 243 9 km
13	SS 242 11 km	St. Ulrich	Grödner Joch	Heimat von Luis Trenker	SS 242 11 km
12	– 30 km	Blumau	Gröden	nur kurz auf SS 12, dann über Völs, Kastelruth, Seis und dem Panider Sattel ins Grödner Tal	– 30 km
11	– 12 km	Abzweig nach	Steinegg	einsames Sträßchen, ab Steinegg (Motorrad-hotel Steinegger Hof) durch 15 Kehren bergab nach Blumau	– 12 km
10	– 6 km	Welschnofen	Gummer	einsames Sträßchen	– 6 km
9	SS 241 14,5 km	Pozza	Welschn-ofen	tolles Kurvengeschlängel über Karer Pass, Hinweis schlecht zu sehen	SS 241 14,5 km
8	SS 48 14,5 km	Canazei	Pozza	oft sehr volle Straßen	SS 48 14,5 km
7	SS 641 23 km	Caprile	Canazei	nächste wieder links, Strecke über Passo di Fedáia folgt	SS 641 23 km
6	SS 203 8 km	Abzweig nach	Alleghe	immer noch Superserpentinen bergab	SS 203 8 km
5	SS 48 5 km	Passo di Fal-zarego	Alleghe	Superaussicht inmitten der Traumwelt der Dolomiten	SS 48 5 km
4	SS 48 11 km	Cortina	Passo di Falzarego	weiterhin Traumstrecke	SS 48 11 km
3	SS 48 10 km	Abzweig nach	Cortina	es folgt der Passo Tre Croce, hier Fahrbahn-senkungen	SS 48 10 km
2	SS 48 9 km	Schluder-bach	Auronzo	schöne Strecke mit möglichem Abstecher Richtung Drei Zinnen (nach 6,5 km) und Pausenplätzchen am Misurina See	SS 48 9 km
1	SS 51 12 km	Toblach	Cortina	schnelle Geradeauspassage durch das Höhlsteintal	SS 51 12 km

Dieses Roadbook zum Heraustrennen im Anhang

 **INFORMATION**

• **Hochpustertal**
Tourismusverband Hochpustertal
Pflegplatz 1
I-39038 Innichen
Tel. 0039/0474/91 31 56,
Fax 0039/0474/91 43 61,
E-Mail info@altapusteria.net,
Internet www.altapusteria.net

• **Steinegg**
Tourismusverein Steinegg
Dorf 97
I-39050 Steinegg
Tel. 0039/0471/37 65 74,
Fax 0039/0471/67 67 60,
E-Mail info@steinegg.com,
Internet www.steinegg.com

• **Gröden**
Tourismusverein St. Christina
Streda Chemun 9
I-39047 St. Christina (S. Cristina)
Tel. 0039/0471/79 30 46,
Fax 0039/0471/79 31 98,
E-Mail s.christina@val-gardena.com,
Internet http://www.val-gardena.com

 **UNTERKUNFT**

• **Sexten**
Hotel Kreuzbergpass
St.-Josef-Str. 55
I-39030 Sexten/Südtirol
Tel. 0039/0474/71 03 28,
Fax 0039/0474/71 03 83,
E-Mail hotel@kreuzbergpass.com,
 Internet www.kreuzbergpass.com
Tolles Haus direkt am Kreuzbergpass, also
nicht weit vom Start der Tour entfernt. Sehr
gute Küche.

• **Steinegg**
Hotel »Steinegger Hof«
Oberdorf 128
I-39050 Steinegg (Collepietra)
Tel. 0039/0471/37 65 73,
Fax 0039/0471/37 66 61,
E-Mail info@steineggerhof.com,
Internet www.steineggerhof.com
Eines der besten Motorradhotels der
Gegend; es werden auch Pauschal-
programme inklusive geführter Touren
angeboten.

 ESSEN & TRINKEN

Auf den jeweiligen Passhöhen gibt es
reichlich Einkehrmöglichkeiten. Sie zeichnen
sich zwar nicht immer durch ein besonders
gutes Preis-Leistungs-Verhältnis aus, aber
dennoch trifft man hier reichlich Gleich-
gesinnte.
• **Welsberg**
Hotel Dolomiten
Bahnhofstr. 13
I-39035 Welsberg
Tel. 0039/0474/94 41 46,
Fax 0039/0474/94 48 94,
E-Mail dolomiten@kronplatz.com,
Internet www.kronplatz.com/dolomiten
Preiswert, lecker, gut.

 MOTORRADFAHREN

In den Dolomiten besteht Suchtgefahr nach
Kurven, Kehren, Spitzkehren, Serpentinen
und den passenden Schräglagen. Allerdings
sollte man bei allem Genuss hier und da den
Gasschieber mit Gefühl betätigen. Denn in
den Dolomiten gibt es häufiger unangekün-
digte Rollsplittstrecken.

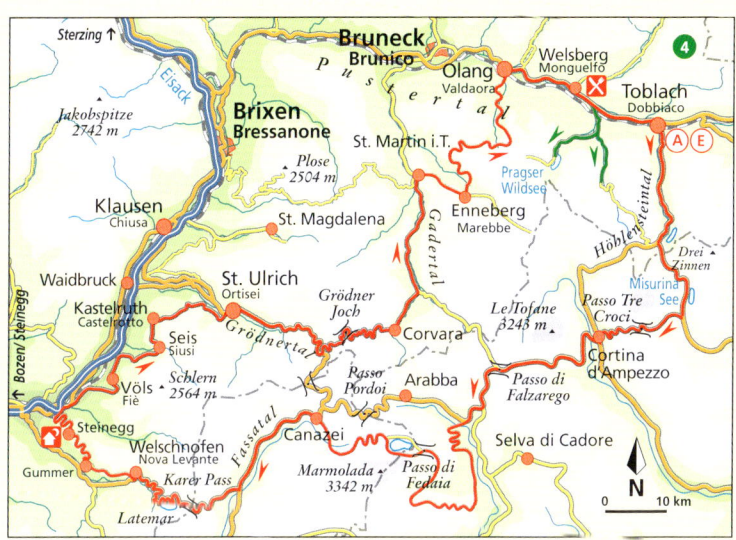

KARTE

Generalkarte Italien 1:200 000, Großblatt 3 »Brenner, Venedig, Triest«, Mairs Geographischer Verlag.

VERANSTALTUNGEN

• **Corvara**
Trachtenfest, jedes Jahr Anfang August.
Info: Tourismusverein Corvara
Streda Col Alto, 36
I-39033 Corvara
Tel.0039/0471/83 61 76,
Fax 0039/0471/83 65 40,
E-Mail corvara@dnet.it

• **Kastelruth**
Spatzenfest (wenn man's mag), jedes Jahr in der ersten Oktoberwoche.
Info: Tourismusverein Schlern Kastelruth
Krausplatz 1
I-39040 Kastelruth (Castelrotto)
Tel. 0039/0471/70 63 33,
Fax 0039/0471/70 51 88,
E-Mail info@kastelruth.com,
Internet www.kastelruth.com

SEHENSWERT

• **Völs am Schlern**
Burg Prösels, Tel. 0039/0471/60 10 62

Auf der Strecke immer wieder bizarre Spitzen der Dolomiten

Rund
um den
Ortler

Wahnsinn!! Mit diesem einen Wort lässt sich die hier vorgestellte Ortlerumrundung treffend charakterisieren. Aber man kann auch kaum etwas anderes erwarten, wenn Umbrail-Pass, Gavia-Pass, der Tonale, das Gampenjoch und schlussendlich das Stilfser Joch im Roadbook stehen.

Also fangen wir mal ganz langsam an. Und zwar in **Schluderns** im **Obervinschgau**, gerade mal 1000 m hoch gelegen. Die nächste Station heißt **Santa Maria** im Schweizer **Münstertal (Val Müstair)**. Bis hierher hat man ganz sicher noch keine gravierende Luftveränderung verspürt, obwohl man sich auf 1375 m schon um einiges weiter oben befindet. Aber nun wird alles ganz anders: Der 2501 m

Wie eine andere Optik in der Gebirgswelt von Ortler & Co.

Blüten-träume gibt's im Frühjahr überall im Vinschgau.

hohe, teils geschotterte(!) Umbrail-Pass (geöffnet von Mai bis Oktober) wartet auf Kurvensüchtige und windet sich mit einer maximal 11 % Steigung Richtung Himmel – und auf der anderen Seite wieder bergab.

Der nächste Höhenrausch

Gleich hinter dem bekannten Wintersportmekka **Bormio** (1217 m) kündigt sich mit bis zu 16 % Steigung vehement der nächster Höhenrausch an. Und der hat natürlich auch einen Namen: Gavia-Pass (frei zwischen Juli und Oktober). Noch vor ein paar Jahren war dessen Scheitelstrecke ebenfalls geschottert. Nur der Tour de France zuliebe hat man eine ganz akkurate Teerdecke aufgebracht und heute hat sie deshalb wohl bei allerlei Pedalartisten einen herausragenden Status. Also, auf der sich lang ziehenden Berganstrecke zum 2621 m hohen Gaviapass darf man sich nicht wundern, wenn man immer wieder Zweiräder überholt, die nur von maximal 300 Watt Muskelkraft angetrieben werden.

Aber wenn es bergab geht, heißt es dann: Vorsicht! Die schnellsten der sündhaft teuren Rennräder erreichen hier wegen der leichteren Manövrierbarkeit schon mal höhere Geschwindigkeiten, als das mit einem bepackten Motorrad möglich wäre. Und manch ein »Pedalisti« macht sich zu gern einen halsbrecherischen Spaß daraus, ein Motorrad bergab zu überholen.

Passo del Tonale und Val di Sole

Die nächste Tallage (rund 120 m) weit unterhalb des leuchtenden **Adamellogletschers** lässt kaum Zeit, um sich auf die folgenden Schräglagen vorzubereiten. Allerdings gestalten die sich etwas flotter. Also pfeilt man zügig über den Passo del Tonale (maximal 10 % Steigung, 1884 m, ganzjährig frei) und im anschließenden Val di Sole kann man den Gasschieber noch ein wenig offensiver betätigen. Eine herrliche Abwechslung, und es bleibt wirklich keine Zeit für Langeweile. Denn nur knapp 50 km weiter beginnt ein nächster Kurvenrausch, der über **Fondo** und das aussichtsreiche **Gampenjoch** (maximal 9 % Steigung, 1518 m, ganzjährig befahrbar) zurück nach Südtirol führt.

Willkommen in der Abgeschiedenheit einsamer Südtiroler Täler

Stilfser Joch und Ortler

Im Vinschgau wartet dann nochmals ein flotteres Stück, bevor man sich seiner Majestät, dem Ortler wieder langsam nähert. Aber auf was für eine Art und Weise! Denn eine geradezu wagemutig gebaute Passstraße (frei zwischen Juni und Oktober) windet sich ab dem **Trafoier Tal** mit bis zu 15 % Steigung bergan. Scheinbar nicht enden wollende Ser-

Traumsurf durch die Idylle abseits aller Touristenhatz, das findet man beispielsweise auch noch im Martelltal.

pentinen münden dann aber doch irgendwann am Stilfser Joch (275 m). Spätestens hier oben ist der anfangs angekündigte Wahnsinn dann vollends komplett. Allerdings sollte man, wenn man sich wie die zahlreichen anderen Motorradfahrer eine angemessene Pause z. B. bei einer Bratwurst gönnen, dabei den Rest der Superrunde nicht vergessen. Denn die Abfahrt über den Umbrail-Pass (im Jahr 2000 teils noch geschottert) und durchs Münstertal retour nach Schluderns gehört ganz sicher auch zu den Highlights in Sachen Motorradfahren.

DER ORTLER

Majestätisch erhebt sich der Ortler mit seinen bis 3905 m hohen Gipfeln zwischen Veltlin, Vinschgau und dem oberen Nocetal. Der mächtige Gebirgsstock, den man den Zentralalpen hinzurechnet, besteht dabei größtenteils aus kristallinen Gesteinen und wird in den Gipfellagen mit Kalken bedeckt, die aus der Triasepoche von vor rund 220 Millionen Jahren stammen. In dem Massiv befinden sich zahlreiche Gletscher, darunter der Suldenferner als bekanntester. Der Ortler wurde 1804 erstmals bestiegen.

Nr.	Straße / km	Position	Richtung	Information	
11	- / 16 km	Santa Maria	Schluderns, Italien		- / 16 km
10	- / 10 km	hinter Stilfser Joch	Santa Maria, Schweiz	nun auf gleicher Strecke, wie zu Beginn der Tour, zurück, teils Schotter	- / 10 km
9	SS 38 / 30 km	Abzweig zum	Stilfser Joch	krönender Abschluss der Runde mit dem Kult-surf (teils schlechte Straße) zum Stilfser Joch (2757 m), Abstecher nach Sulden (1907 m) möglich	SS 38 / 30 km
8	SS 38 / 45 km	Höhe Meran	Reschen-pass	schöne Geradeauspassage durch Vinschgau	SS 38 / 45 km
7	SS 238 / 36 km	Fondo	Meran	es folgt das Gampenjoch, mit seiner tollen Aussicht über das Etschtal	SS 238 / 36 km
6	SS 42 / 15 km	Lago di Santa Giustina	Fondo	immer noch Superkurven, auch Abstecher ins abgelegene Proveis möglich	SS 42 / 15 km
5	SS 42 / 49 km	Abzweig nach	Passo del Tonale	nach 2 km weiter Richtung Passo del Tonale, wieder Superkurven	SS 42 / 49 km
4	SS 300 / 46 km	Bormio	Ponte, Gavia-Pass	auf 2621 Meter am Gavia-Pass gibt's reichlich Höhenluft zu schnuppern	SS 330 / 46 km
3	SS 38 / 17 km	hinter Umbrail-Pass	Bormio	wunderbares Bergabgeschlängel	SS 38 / 17 km
2	- / 10 km	Santa Maria	Stilfser Joch, Italien	Kurventraum im Val Muraunza und Schotter-albtraum am Umbrail	- / 10 km
1	SS 41 / 16 km	Schluderns	Santa Maria, Schweiz	interessante Strecke durch das Münstertal	SS 41 / 16 km

Dieses Roadbook zum Heraustrennen im Anhang

WESTLICHES SÜDTIROL

INFORMATION

• **Vinschgau**
Tourismusverband Vinschgau
Kapuzinerstr. 10
I-39028 Schlanders (Silandro)
Tel. 0039/0473/62 04 80,
Fax 0039/0473/62 04 81,
E-Mail vinschgau@suedtirol.com,
Internet www.vinschgau.suedtirol.com

• **Val di Sole**
APT Valli di Sole
Via Markoni
I-38027 Malè
Tel. 0039/0463/90 12 80,
Fax 0039/0463/90 15 63,
E-Mail info@valdisole.net,
Internet www.valdisole.it

UNTERKUNFT

• **Reschen am See**
Garni Wallnöfer
Hauptstr. 12
I-39027 Reschen
Tel. 0039/0473/63 32 27,
Fax 0039/0473/63 23 19,
E-Mail j.wallnöfer@rolmail.net,
Internet www.moto-bike-wallnoefer.it
Nicht an der Strecke, aber doch nur knapp
25 km vom Startpunkt der Route entfernt.

• **Müstair (Schweiz)**
Hotel Münsterhof
CH-7537 Müstair
Tel. 0041/81/858 55 41,
Fax 0041/81/858 50 58,
E-Mail info@muensterhof.ch,
Internet www.muensterhof.ch
Gehört zu den elitären Motor Bike Hotels
und schon das bürgt für angemessene Qua-
lität.

• **Fondo**
Hotel Lago Smeraldo, Via Lago Smeraldo 12,
I-38013 Fondo,
Tel. und Fax 0039/0463/83 11 04
An schönem Bergsee gelegen, gute Küche.

• **Scanna di Livo**
Hotel Silence
I-38020 Scanna di Livo
Tel. 0039/0463/53 31 53,
Fax 0039/0463/53 30 84,
E-Mail info@hotelsilence.it,
Internet www.hotelsilence.it
Hübsches Haus mit schöner Aussicht auf die
Adamellogruppe.

ESSEN & TRINKEN

• **Stilfser Joch**
Wie immer gibt es auf den jeweiligen Passhöhen reichlich Einkehrmöglichkeiten, je nach
Lust und Laune, Appetit und Geldbeutel. Aber
wie wär's mal mit einem rustikalen Imbiss
im Stehen: eine Bratwurst vom Holzkohle-
grill, Senf und Kraut dazu und alles im auf-
geschnittenen Vinschgerl (leckeres Brötchen)
auf die Faust serviert, gibt's am Stilfser Joch.

• **Fondo**
Das oben schon genannte Hotel Lago Smeraldo in Fondo ist bekannt für schmackhafte
Spezialitäten der Südtiroler und vor allem
der Trentiner Küche.

MOTORRADFAHREN

Rund um den Ortler ist Spaß pur angesagt.
Und zwar in Form eines ewigen »Rauf und
Runter«. Allerdings sollte man dabei die
herrschenden, recht krassen, Temperaturun-
terschiede beachten, die bis zu knapp 20 °C
betragen können und entsprechende Klei-
dung (Inlets nicht vergessen!) verlangen.

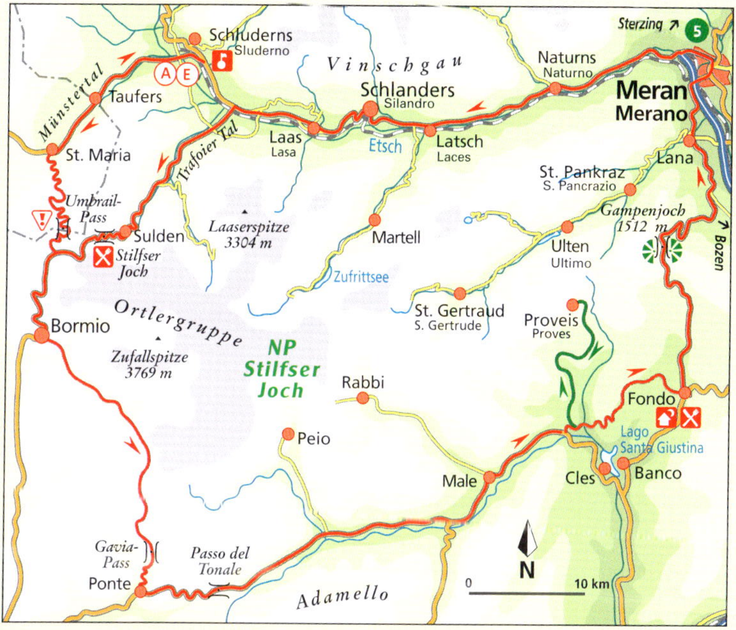

KARTE

Generalkarte Italien 1:200 000, Großblatt 3 »Brenner, Verona, Parma, Triest«, Mairs Geographischer Verlag.

VERANSTALTUNGEN

• **Latsch/Vinschgau**
Wöchentlich: Brotbacken und Saftherstellung auf traditionelle Art
Infos hierzu beim Tourismusverband Vinschgau (siehe oben).
Zur Sonnenwende jeweils im Juni: Herz-Jesu-Feuer auf den Bergen Südtirols.
Infos hierzu beim Tourismusverband Vinschgau (siehe oben).

SEHENSWERT

• **Schluderns**
Churburg Tel.(0039/0473/61 52 41), im 13. Jahrhundert errichtet, von den Grafen Trapp im 16. Jahrhundert zur schönsten Renaissance-Residenz Südtirols ausgebaut, gilt sie heute als eine der besterhaltenen Schlossanlagen.
Rüstungssammlung.

• **Ortlergebiet**
Heilige Drei Brunnen in Trafoi, uraltes Quellenheiligtum im Trafoier Talschluss.
Tibetanische Yaks, vom Südtiroler Extrembergsteiger Reinhold Messner, sind in Sulden angesiedelt.
Infos hierzu beim Tourismusverband Vinschgau (siehe oben).

Bozner
Runde

Lassen wir die bekannten Passstraßen einfach mal links liegen und räubern lieber auf kleinen, eher wenig befahrenen Nebenstrecken ordentlich Kurven. Das geht nämlich besonders rund um Südtirols Metropole Bozen ganz wunderbar.

Nur ein paar Kilometer nach dem Start an der Autobahnabfahrt Bozen-Nord fängt der Spaß schon an. Und was für einer! Denn die aus Route 4 schon bekannten 15 Spitzkehren unterhalb **Steinegg** (Heimat des Motorradhotels Steinegger Hof) stehen bevor. Diesmal geht es allerdings bergan, was übrigens für das Fahrvergnügen deutlich mehr bringt als die Bergabvariante.

Laune der natürlichen Erosion, Erdpyramiden, hier bei Steinegg

SÜDTIROL

Eggental mit Burg Karneid

Etwas oberhalb von Steinegg hat der Gipfelsturm nach rund 1200 Höhenmetern am Stück ein vorläufiges Ende. Am Sportplatz rechts abbiegen und schon reduziert sich die Straße auf das Nötigste: Sie ist jetzt einspurig – und damit beginnt eine gemütliche, mit hier und da etwas Rollsplitt garnierte Schunkelei bergab ins **Eggental**. Dabei sollte man das Motto »Zeit spielt keine Rolle« walten lassen. Finden sich neben dem schmalen Teerband doch gleich reihenweise wunderbare Plätzchen für ein Picknick zwischendurch oder um die beeindruckende Fernsicht zu genießen.

Schluchtenflitzer

Der Begriff Tal beschreibt das Eggental wohl nur zum Teil. Canyon oder Schlucht würde viel besser zu der schmalen Schneise passen, die der Eggentaler Bach in Millionen von Jahren tief in den Fels hineingewaschen hat. Es ist nur knapp Platz für eine Straße. Die aber windet sich abenteuerlich zu Füßen schroffer Felswände und Überhänge. Wahrlich ein Paradies für Motorradfahrer, wenn auch mittels Tunnel und anderer Bauten dem Ganzen (leider!) langsam, aber sicher der außergewöhnliche Reiz genommen wird.

Rechte Seite: Auf der Gampenjochstraße

Höhe rund um Deutschnofen

Spätestens in **Birchabruck** werden Motorradfahrer, die einen Hang zur Klaustrophobie haben, aufatmen. Das Tal weitet sich und es steht wieder eine Partie über luftige Höhen an, diesmal rund um Deutschnofen. Ganz oben sollte man sich dann wieder einen ausgiebigen Stopp gönnen. Dabei könnte man nämlich schon mal den Blick rüber zum **Mendelpass** schweifen lassen oder **Tramin** samt **Kalterer See** aus der Vogelperspektive begutachten. Aber bis man dort ist, warten noch ein paar Superkurven, die für Schräglagenspaß der besten Art sorgen.

Badespaß und Kurvenhatz

Auch die zähesten Gesäße brauchen mal eine Pause. Also, wie wär's mit einem Bummel durch das heimelige Weinörtchen Tramin oder einem Sprung in die von Mai bis September warmen Fluten des Kalterer Sees. Wenn man sich anschließend noch ein wenig von der warmen Südtiroler Sonne bräunen lässt, hat das ganz sicher etwas mit Relaxen oder »Seele baumeln lassen« zu tun. Derart erholt bringt die nächste Etappe um so mehr Spaß. Und die hat es in sich. Denn der Mendelpass bietet wie auch immer gearteten Kurvenjunkees reichlich traumhafte Kehren, bei denen man auch bei etwas mehr Dampf die Ideallinie so leicht nicht verliert.

> **SPECIAL**
>
> **Der Mann aus dem Eis:** Am 19. September 1991 wurde im Gebirgsstock der Similaungruppe am Alpenhauptkamm eine Gletschermumie entdeckt. Nicht nur der Fund war sensationell, sondern auch der einzigartige Konservierungszustand des Mannes aus dem Eis, der im 4. Jahrtausend vor Christi Geburt lebte. Neben diversen Ausrüstungsgegenständen und Bekleidungsteilen aus Leder und Fell wurde auch ein Kupferbeil gefunden. Das alles und mehr ist zu besichtigen im Südtiroler Archäologiemuseum (s. SEHENSWERT).

Dolce Vita im Trentino

Nach der schönen Kurvenhatz wartet ein flotter Downhill Richtung **Fondo**. Für einige Schwünge pfeilt man nun also durchs Trentino, das einen mediterranen Hauch ausstrahlt. Das liegt womöglich an der im Vergleich zum übrigen Südtirol südlich geprägten Architektur. Oder auch daran, dass hier zwar nicht mehr alles so penibel, dafür aber auch nicht so hektisch wirkt. Lassen wir uns also lässig durch die nächsten Kurven treiben und genießen das »Süße Leben«.

Apfelblüte über dem Eisacktal

Proveis – einst am Ende der Welt

Szenenwechsel – wieder einmal. Ab dem »**Lago di Santa Giustina**« zeigen die Scheinwerfer erneut Richtung Himmel. Die teils sehr schmale Teerpiste schlängelt sich wirr nach Proveis hinauf, das bis vor einigen Jahren eine Südtiroler Enklave im Trentino war. Denn bevor man einen neuen Tunnel hinüber ins **Ultental** baute, befand man sich dort in Anbetracht Verkehrsanbindung »an einem Ende dieser Welt«. Die Auswirkungen sind bis heute spürbar, und das hat seine Vorteile, denn nirgendwo präsentiert sich Südtirol ursprünglicher. Die ländliche Idylle sorgt neben ein paar Kuhfladen, die

SÜDTIROL

Hier wird's eng – das wilde Eggental.

immer mal wieder unterm Reifen explodieren, auch für einsamen Fahrgenuss der Spitzenklasse.

Ötzi-Metropole Bozen: quirlig, hektisch, schön

Mit dem Fahrgenuss ist es ab Lana allerdings endgültig vorbei. Wir erreichen wieder das Leben der Moderne und müssen uns die Straße wieder mit anderen teilen, die vierrädrig oder auch zweirädrig daher kommen. Selbst für die besten Aussichtspunkte auf dem unteren Teil der

Straße zum Gampenjoch muss man anstehen! Aber das ist noch nicht alles, denn zum Schluss wartet noch die Ötzi-Metropole Bozen, die eine hektische, lebendige und wunderschöne Stadt ist; hier endet unser faszinierender Rundkurs.

Nr.	Straße km	Position	Richtung	Information		
19	- 18 km	Vilpian	Bozen	bald durch sehenswertes Bozen Richtung Autobahnauffahrt Bozen Nord		- 18 km
18	- 3 km	Nals	Vilpian			- 3 km
17	- 10 km	Abzweig nach	Tisens	auf Südtiroler Weinstraße weiter		- 10 km
16	SS 238 6 km	Lana	Gampen-joch	schon der untere Teil der Straße zum Gampenjoch ist ein Highlight		SS 238 6 km
15	- 16 km	Ultental	Lana	aus dem wunderschönen Ultental heraus fahren		- 16 km
14	- 17,5 km	Marcena	Proveis, Ultental	in Lanza geradeaus auf kleiner Straße weiter nach Proveis, dort dann weiter Richtung Ultental		- 17,5 km
13	- 9,5 km	Lago di Santa Giustina	Proveis	abgelegene Straße		- 9,5 km
12	SS 42 13 km	Fondo	Cles	kurvige Strecke mit Blick auf die Brentagruppe		SS 42 13 km
11	SS 42 3 km	Sarnonico	Fondo	Alternativ kann man hier auch über Romeno zum Lago di Santa Giustina fahren		SS 42 3 km
10	SS 42 18 km	Kaltern	Mendel-pass	tolle Kurvenstrecke über den Mendelpass folgt		SS 42 18 km
9	- 7 km	Tramin	Kaltern	Strecke führt am Kalterer See entlang (Bademöglichkeit)		- 7 km
8	- 2 km	Auer	Tramin	vorbei an Obstplantagen		- 2 km
7	SS 48 9 km	Abzweig nach	Auer	bald an Felsgruppe Castelfeder entlang, genau das Richtige für eine Pause		SS 48 9 km
6	- 21 km	Abzweig nach	Deutsch-nofen, Auer	schicke Aussicht über Etschtal und Umgebung		- 21 km
5	- 2,5 km	Birchabruck	Deutsch-nofen, Auer	es folgt wieder wunderbare Höhenstrecke		- 2,5 km
4	SS 241 14 km	Karneid	Welsch-nofen	traumhaftes Eggental als tief eingeschnittene Schlucht wartet		SS 241 14 km
3	- 13,5 km	Abzweig hinter	Steinegg	beim Sportplatz abbiegen, an nächster Kreuzung auf Höhe zunächst geradeaus, an Waldkapelle rechts, dann Teerweg bergab		- 13,5 km
2	- 10,4 km	Blumau	Steinegg	herrliche Serpentinenstrecke (15 Kehren) bergan nach Steinegg. Dort sensationelle Aussicht und das bekannte Motorradhotel Steinegger Hof		- 10,4 km
1	SS 12 4,6 km	Autobahn-abfahrt Bozen-Nord	Waidbruck	auf Brennerstaatsstraße nach Blumau, hier Radarkontrollen		SS 12 4,6 km

Dieses Roadbook zum Heraustrennen im Anhang

SÜDTIROL

INFORMATION

- **Bozen**
Verkehrsamt Bozen (Bolzano)
Waltherplatz 8
I-39100 Bozen (Bolzano)
Tel. 0039/0471/30 70 01,
Fax 0039/0471/98 01 28,
E-Mail info@bolzano-bozen.it,
Internet www.bolzano-bozen.it
oder www.hallo.com

- **Steinegg**
Tourismusverein Steinegg
Dorf 97
I-39050 Steinegg
Tel. 0039/0471/37 65 74,
Fax 0039/0471/67 67 60,
E-Mail info@steinegg.com,
Internet www.steinegg.com

- **Tramin**
Tourismusverein Tramin
Rathausplatz 11
I-39040 Tramin
Tel. 0039/0471/86 01 31,
Fax 0039/0471/86 08 20,
Internet www. hallo.com

- **Fangart**
Tourismusverband Südtirols Süden
Pillhofstraße 1
I-39010 Fangart
Tel. 0039/0471/63 34 88,
Fax 0039/0471/63 33 67,
E-Mail info@suedtirols-sueden.net,
Internet www.suedtirols-sueden.bz.it

UNTERKUNFT

- **Steinegg**
Hotel Steinegger Hof
Oberdorf 128
I-39050 Steinegg (Collepietra)
Tel. 0039/0471/37 65 73,
Fax 0039/0471/37 66 61,
E-Mail info@steineggerhof.com,
Internet www.steineggerhof.com
Am Motorradhotel »Steinegger Hof«
kann man diese Tour auch starten.

- **Tramin**
Hotel Traminer Hof
Weinstraße 37
I-39040 Tramin (Termeno)
Tel. 0039/0471/86 03 84,
Fax 0039/0471/86 08 44,
E-Mail traminerhof@rolmail.net,
Internet www.traminerhof.it
Schönes Haus mit Schwimm-
bad.

- **Fondo**
Hotel Lago Smeraldo
Via Lago Smeraldo 12
I-38013 Fondo
Tel. und Fax
0039/0463/83 11 04
An schönem Bergsee gelegen,
gute Küche.

- **Scanna di Livo**
Hotel Silence
I-38020 Scanna di Livo
Tel. 0039/0463/53 31 53,
Fax 0039/0463/53 30 84,
E-Mail info@hotelsilence.it,
Internet www.hotelsilence.it
Hübsches Haus mit schöner Aussicht auf die
Adamellogruppe.

ESSEN & TRINKEN

- **zwischen Steinegg und Karneid**
Jausenstation Wiedenhof; liegt an der
Strecke zwischen Steinegg und Karneid.
I-39050 Karneid
Tel. 0039/0471/36 53 41
Typische Südtiroler Gerichte.

- **Birchabruck**
Gasthof Pizzeria Post
Unterbirchabruck 10
I-39050 Birchabruck
Tel. 0039/0471/61 03 21
Super Pizza, direkt bei der Tankstelle in
Birchabruck-Eggental.

MOTORRADFAHREN

Man hört Südtirol und denkt: Dolomiten.
Falsch, denn es gibt hier noch so viel mehr
zu entdecken. Über die Höhen rund um Bozen wuseln sich vor allem kleine und kleinste Sträßchen. Ein Eldorado für Genussbiker,
die auf rote Ampeln und volle Touristenorte
gern verzichten können.

KARTE

Generalkarte Italien 1:200 000, Großblatt 3
»Brenner, Verona, Parma«, Mairs Geographischer Verlag

VERANSTALTUNGEN

- **Steinegg**
Mototreffen in Steinegg beim Fuchserhof
Tel. 0039/0471/37 67 66, jedes Jahr Mitte
Juli

SEHENSWERT

- **Kaltern**
Weinmuseum Kaltern
Goldgasse 1
I-39052 Kaltern an der Weinstraße
Tel. 0039/0471/96 31 68,
Fax 0039/0471/96 31 68,
E-Mail volkskundemuseum@provinz.bz.it

- **Bozen**
Altstadt mit Laubengasse, Stadtmuseum Bozen, Tel. 0039/0471/97 46 25 und das Museion, Tel. 0039/0471/97 71 16, in dem man
moderne Kunst bestaunen kann (s. Tour 2).
Das Südtiroler Archäologiemuseum mit dem
»Mann aus dem Eis« (Ötzi), Museumstr. 43,
I-39100 Bozen, Tel. 0039/0471/98 20 98
(s. Tour 2). Außerdem werden hier Stein-,
Kupfer-, Bronze-, Eisen- und die Römerzeit
bis zu Karl dem Großen (800 n. Chr.) in
einem anspruchsvollen Parcours durch
15 000 Jahre Geschichte präsentiert.

SÜDTIROL

Brenta-Umrundung

Wer diesem Roadbook folgt, wird die mächtige, den eigentlich weiter östlich liegenden Dolomiten zugehörige Brentagruppe mit ihren schroffen und weit in den Himmel reichenden Gipfeln umrunden. Kurzum: eine Traumroute!

Wussten Sie eigentlich, dass die über 3000 m hohe Brentagruppe, westlich von Trento gelegen, korrekterweise zu den **Dolomiten** hinzugerechnet werden muss? In diversen Lexika findet sich auch die unmissverständliche Bestätigung dafür. Aber halten wir uns nicht mit trockenen Definitionen auf und lassen uns einfach beeindrucken von der atemberaubenden Erscheinung dieser gi-

Passo di Mendola, oder Mendelpass auf Deutsch

Löwenzahn und trentiner Häuschen bei Fondo

gantischen Gipfel, die überwiegend aus Kalk bestehen. Genauso wie die Straßen und Sträßlein, die sich einladend drum herum schlängeln. Da sind immer wieder satte Schräglagen garantiert – und genau deshalb ist man ja schließlich hier.

Vorspiel auf der Südtiroler Weinstraße

Noch eine Ansicht vom tollen Mendelpass

An der mautpflichtigen Brennerautobahn nahe **Mezzocorona**, unterhalb des **Castels San Gottardo** gelegen, fängt unsere Traumrunde an. Zunächst geht's aber noch sanft und gemächlich zu, denn bevor es die erste Höhe am großartigen **Mendelpass** zu stürmen gilt, schwingt man relaxt auf der Südtiroler Weinstraße über **Tramin** (Termeno) Richtung **Kaltern** (Caldaro). Links und rechts der ordentlich asphaltierten Straße ranken üppige Weinreben, und der aus

Route 6 schon bekannte **Kalterer See** lockt erneut zu ausgelassenen Badefreuden.

Durchs Val di Sole

Nach einem wieder ganz exquisiten Kurvenensemble zwischen Fondo und dem **Lago di Santa Giustina** öffnet sich ein weites Tal, das Val di Sole. Nur am Rande bemerkt: Meist hält der eigentlich mutige Name, was er verspricht. Denn hier gibt es wirklich reichlich Sonne, und es wird auch schon mal ganz schön warm in der Motorradkluft. Nur gut, dass man wegen der gottlob breiten Straße ungewollten Schweißströmen per beherztem Griff am Gasschieber einen wohltuenden Garaus machen kann. So brausen wir also durch **Malè** und bereiten uns dabei schon mal mental auf den Surf durchs **Val Melédri** vor.

Mondänes Madonna di Campiglio

Hier wird es wieder kurvenreich. Wir schrauben uns langsam, aber sicher hinauf zum **Passo Campo Carlo Magno** (1682 m). Zwischendurch bekommt man immer wieder einen faszinierenden Blick auf die herrliche Felsenwelt der Brenta gleich links der Straße. Anschließend folgt die Ortsdurchfahrung der mondänen Wintersportstation **Madonna di Campiglio**. Allerdings erscheint der Ort außer in der weißen Jahreszeit und im Hochsommer ziemlich verschlafen. Das ist für unsereins gar nicht schlecht, denn so kann man die Touristenmet-

Die Brenta – gigantische Berge

SÜDTIROL / TRENTINO

*Brenta –
westliches
Anhängsel
der Dolo-
miten*

ropole schnell durchfahren. Danach wartet dann schließlich schon eine mit Schräglagen gespickte Soulschleife nach **Pin-zolo** hinunter.

Smaragdgrün leuchtendes Wasser des Lago di Molveno

Bei **Giustino** heißt es dann aufpassen! Denn hier weist ein nur recht unscheinbares und zerbeultes Schild (wie so oft in Italien!) den weiteren und sagenhaft verschnörkelten Weg aus dem **Val Rendena** hinaus. Der führt dann mit reichlich

Aussichten gespickt über **Preore und Sténico** immer Richtung **Molveno**. Dieser Ort erstreckt sich übrigens neben einem ausgedehnten Stausee gleichen Namens; und der See scheint geradezu zu prahlen mit seinem smaragdgrünen Wasser. Das alles wirkt fast ein wenig kitschig, aber es ist einfach unheimlich schön.

Eine herrlich schlängelnde Teerpiste zum Abschluss

Über **Andalo und Spormaggiore** surft man dann weiter über eine sich herrlich schlängelnde Teerpiste. Da bleibt auch mal Zeit für einen Blick über das Val di Non. Alles zusammen genau der richtige Ausklang für diesen außerordentlich interessanten Turn, der sich in Mezzocorona wieder schließt.

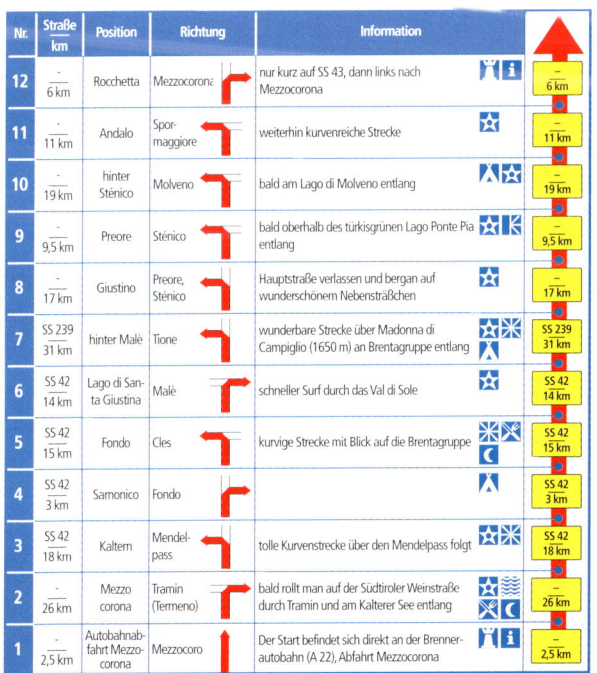

Nr.	Straße km	Position	Richtung	Information	
12	- 6 km	Rocchetta	Mezzocorona	nur kurz auf SS 43, dann links nach Mezzocorona	- 6 km
11	- 11 km	Andalo	Spormaggiore	weiterhin kurvenreiche Strecke	- 11 km
10	- 19 km	hinter Sténico	Molveno	bald am Lago di Molveno entlang	- 19 km
9	- 9,5 km	Preore	Sténico	bald oberhalb des türkisgrünen Lago Ponte Pia entlang	- 9,5 km
8	- 17 km	Giustino	Preore, Sténico	Hauptstraße verlassen und bergan auf wunderschönem Nebensträßchen	- 17 km
7	SS 239 31 km	hinter Malè	Tione	wunderbare Strecke über Madonna di Campiglio (1650 m) an Brentagruppe entlang	SS 239 31 km
6	SS 42 14 km	Lago di Santa Giustina	Malè	schneller Surf durch das Val di Sole	SS 42 14 km
5	SS 42 15 km	Fondo	Cles	kurvige Strecke mit Blick auf die Brentagruppe	SS 42 15 km
4	SS 42 3 km	Samonico	Fondo		SS 42 3 km
3	SS 42 18 km	Kaltern	Mendelpass	tolle Kurvenstrecke über den Mendelpass folgt	SS 42 18 km
2	- 26 km	Mezzocorona	Tramin (Termeno)	bald rollt man auf der Südtiroler Weinstraße durch Tramin und am Kalterer See entlang	- 26 km
1	- 2,5 km	Autobahnabfahrt Mezzocorona	Mezzocoro	Der Start befindet sich direkt an der Brennerautobahn (A 22), Abfahrt Mezzocorona	- 2,5 km

Dieses Roadbook zum Heraustrennen im Anhang

INFORMATION

• Südliches Südtirol
Tourismusverband Südtirols Süden
Pillhofstraße 1, I-39010 Frangart
Tel. 0039/0471/63 34 88,
Fax 0039/0471/63 33 67,
E-Mail suedtirols_sueden@rolmail.net,
Internet www.suedtirols-sueden.bz.it.

• Tramin
Tourismusverein Tramin
Rathausplatz 11, I-39040 Tramin
Tel. 0039/0471/86 01 31,
Fax 0039/0471/86 08 20

• Val di Sole
APT Valli di Sole
Via Markoni
I-38027 Malè
Tel. 0039/0463/90 12 80,
Fax 0039/0463/90 15 63,
E-Mail info@valdisole.net,
Internet www.valdisole.it

• Brenta
APT Dolomiti di Brenta
Piazza Dolomiti 2, I-38010 Andalo
Tel. 0039/0461/58 58 36,
Fax 0039/0461/58 55 70,
E-Mail paganella@trentino.to,
Internet www.apt.dolomitibrenta

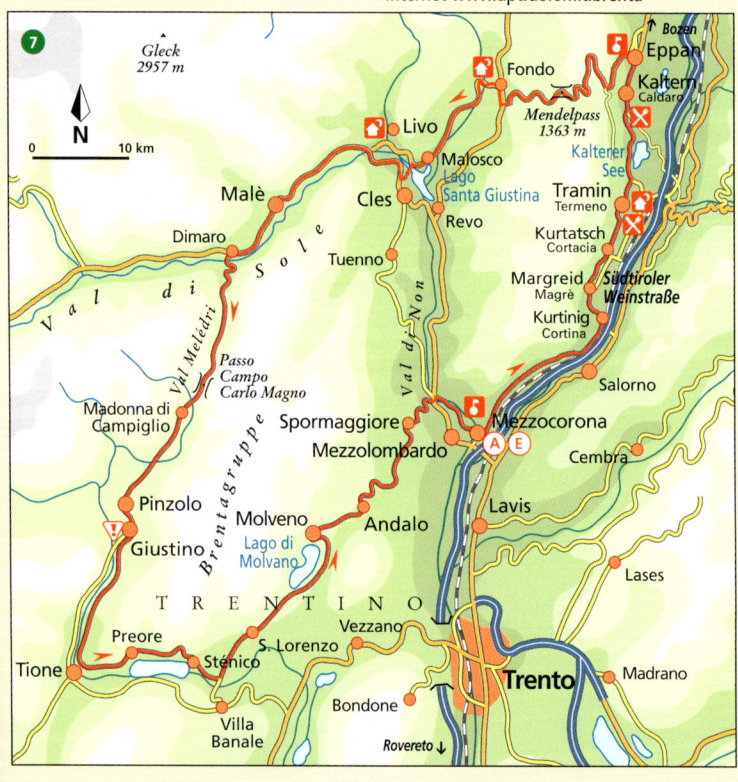

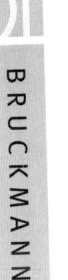

BRUCKMANN

Wir machen Freizeit
aktiver

Dankeschön – und herzlichen Glückwunsch! Sie haben einen Titel aus dem Bruckmann-Verlag gewählt und sich damit für Qualität entschieden. Gerne informieren wir Sie über weitere Publikationen aus unserem vielseitigen Programm.

Kreuzen Sie einfach Ihr Interessensgebiet an:

☐ Wandern WA
☐ Berge BE
☐ Reise RE
☐ Motorrad MO
☐ Länderbildbände LB
☐ Fahrrad FA
☐ Berg-, Wander- und Reise-Videos VB

☐ Kalender KA
☐ Eisenbahn EB
☐ Eisenbahn-Videos VE
☐ Luftfahrt BF

Welches weitere Themengebiet für Ihre Freizeit bzw. Ihr Hobby würde Sie interessieren?

Vorname: _____ Nachname: _____

Straße-Nr.: _____

Land / PLZ / Ort: _____

Antwortkarte

Bruckmann Verlag
Leserservice

D-80632 München

BRUCKMANN

Wir machen Freizeit *aktiver*

Welches Buch haben Sie gekauft?

Wie gefällt Ihnen das Buch?

(Was gefällt Ihnen gut bzw. was vermissen Sie?
Bitte Ihre ganz persönliche Meinung abgeben.)

Vielen Dank für Ihre Antwort und viel Spaß
mit unseren Produkten!

Schauen Sie doch mal bei uns rein:
www.bruckmann.de

Bu 0021

UNTERKUNFT

• **Tramin**
Hotel Traminer Hof
Weinstraße 37,
I-39040 Tramin (Termeno)
Tel. 0039/0471/86 03 84,
Fax 0039/0471/86 08 44,
E-Mail traminerhof@rolmail.net,
Internet www.traminerhof.it
Ansprechendes Hotel im hübschen Weinort
Tramin mit Tiefgarage, Schwimmbad und tol-
lem Essen im Rahmen der Halbpension.

• **Fondo**
Hotel Lago Smeraldo
Via Lago Smeraldo 12
I-38013 Fondo
Tel. und Fax 0039/0463/83 11 04
An schönem Bergsee gelegen, gute Küche.

ESSEN & TRINKEN

• **Kaltern**
Törgglkeller Kaltern
Bühel 2 (Ortsmitte)
Tel. 0039/0471/96 34 , Öffnungszeiten
11–23.30 Uhr, Sonntag Ruhetag
Eigenbauweine, Kaminwurzen, reichhaltige
Auswahl an herzhaftem Käse.

MOTORRADFAHREN

Auch hier gilt, was für die anderen Gebiete
schon so oft gesagt wurde: Man befindet
sich mitten in einem Motorradparadies der
Extraklasse, was übrigens durch den nahen
Gardasee und die Dolomiten östlich des
Etschtals noch aufgewertet wird.

KARTE

Generalkarte Italien 1:200 000, Großblatt 3
»Brenner, Verona, Parma«, Mairs Geographischer Verlag.

VERANSTALTUNGEN

• **Tramin**
Internationales Gewürztraminer-Symposium,
Tramin, jedes Jahr im Juli.
Traminer Herbstfest, jedes Jahr im September.
Törggelefest in Tramin mit viel Musik, Speck,
Knödel, neuem Wein etc. Info beim Touris-
musverein Tramin (s. oben).

SEHENSWERT

• **Eppan**
Burg Hocheppan, die berühmteste Burg in
Südtirols Süden und die ehemals mächtigste
im ganzen Land, 1125–1130 erbaut von
Graf Ulrich II. aus dem Welfengeschlecht.
Nur zu Fuß erreichbar (3/4 Stunde). Info
beim Tourismusverband, (s. oben).

• **Frangart**
Von Kaltern aus gut erreichbar. Feste Sigmundskron, größte Burganlage Südtirols, die
um 900 erbaut wurde. Im Jahr 1957 demon-
strierten hier 50 000 Südtiroler für mehr
Rechte gegenüber dem italienischen Staat,
die sie 20 Jahre später erhielten. Mit dem
Motorrad leicht erreichbar.

Die Spur der Kaiserjäger

Eine fantastische Tour vorbei an senkrechten Mauern aus Fels und über steile Rampen, die scheinbar direkt in den Himmel führen und garantiert dafür sorgen, dass einem hier und da der Atem stockt.

Kennen Sie schon den **Kaiserjägersteig**? Wenn nicht, dann wird es allerhöchste Zeit. Der ganz spezielle Weg hat übrigens nichts mit Wandern oder ähnlichem zu tun. Bei diesem obskuren Ding handelt es sich vielmehr um einen zwischen 1915 und 1917 erbauten Nachschubweg für die damalige Alpenfront am schwer umkämpften **Passo di Vézzena**. Auf dieser wagemutig angelegten

Auffahrt Richtung Passo die Vézzena

Strecke trifft man übrigens garantiert keine stinkenden Brummis oder andere langsame Verkehrshindernisse. Hier ist so wenig Platz, dass nur wirklich wendige Fahrzeuge das opulente Kurvengeschlängel bewältigen können. Selbst Musikdampfer à la Goldwing dürften ohne Benutzung der Rückfahrhilfe dann und wann ihre Schwierigkeiten haben. So eng geht's dort halt zu.

Bergstrecke über Gfrill

Aber der Reihe nach: Das erste Teilstück von **Trento** nach **Salurn** (Salurno) kann man getrost unter »Warmfahren« verbuchen. Puristen, die, wann immer möglich, auf eher weniger frequentierte Straßen ausweichen möchten, finden auch hier eine interessante Alternative. Einfach die Brenner-

Blick über den Lago di Caldonazzo

Drehwurm gibt's am Kaiserjäger-steig gratis.

autobahn überqueren und auf deren westlicher Seite Etsch-aufwärts schippern. Ab Salurn – hier befindet sich übrigens die historische Sprachgrenze zwischen Deutsch und Italie-nisch – wird es dann auch gleich richtig interessant. Ein ver-schnörkeltes Bergsträßchen windet sich hinauf nach Gfrill. Dort hat man eine schöne Aussicht; und genauso herrlich geht es wieder hinunter nach **Gráuno**. Dort rollt man dann Richtung **Val di Fiemme**, biegt bald hart rechts ab, und nahtlos folgt der Passo di Manghen.

Passo di Manghen

Eine sehr gemächliche Sause über den Passo di Manghen gehört sicher zu den Highlights in Sachen Motorradfahren. Steigungen mit einem Maximalwert bis zu 20 % warten dort. Also, ein zu nervöser Griff am Gasschieber sorgt schnell dafür, dass ein durchstartendes Vorderrad aus der Kontrolle gerät. Also sinnig fahren! Und denken Sie bitte auch an eventuelle Mitfahrer! Darüber hinaus glänzt die Single-Track-Road mit engen Spitzkehren, dass es einem schwindelig wird: vielleicht nicht bei der ersten oder zweiten, aber garantiert, wenn man alle 53 (!!) Kehren, die man samt der

Bergstrecke über **Ronchi** und den Serpentinen bis nach **Lévico** hinter sich bringt.

Der Kaiserjägersteig

Nahe dem **Lago di Lévico** und nicht weit entfernt vom **Lago di Caldonazzo** (vielleicht sollten Sie hier noch ein wenig relaxen) wird es dann so richtig spannend. Ein Teerband führt schnurstracks auf eine bedrohlich wirkende Felswand zu, die sich senkrecht endlos in den Himmel zu recken scheint. Auf den zweiten Blick fällt weit oben so etwas wie ein zaghafter Absatz im Fels auf. Sie glauben, das ist keine Straße? Oh, doch, es ist der schon erwähnte, ominöse Kaiserjägersteig mit seiner wahrlich waghalsigen Trassenführung.

ÖSTLICHES TRENTINO

Zeitgenossen mit Höhenangst sollten die Runde spätestens hier beenden, denn schon nach ein paar weiten Kehren verengt sich die Straße zu einem einspurigen, immerhin meist geteerten Fahrweg. Der schraubt sich dann wie ein Korkenzieher in schier Schwindel erregende Höhen. Links oder rechts, je nach Fahrtrichtung, gähnen respekteinflößende Abgründe. Zwischendurch gilt es, unbeleuchtete Tunnel, die eine Ähnlichkeit mit Bergbaustollen haben, zu passieren. Zu allem Überfluss hat hier der Teerbelag nicht immer ausgereicht. Also, alles insgesamt ziemlich spannend und aufwühlend. Da kommt das wieder »normalere« Teilstück am Ende der Runde als Entspannung wahrscheinlich gerade recht. Wer weiß, vielleicht hat der Adrenalinspiegel in Trento, am Schluss dieser einfach spektakulären Runde, wieder seinen normalen Level erreicht.

Tunnel mal anders – dunkel und mit Schotterfahrbahn

Nr.	Straße / km	Position	Richtung	Information	
11	SS 349 / 24 km	Abzweig nach	Trento	auf dieser Straße retour zum Ausgangspunkt	SS 349 / 24 km
10	– / 3 km	Abzweig nach	Asiero	wunderschöne Kurven folgen	– / 3 km
9	SS 349 / 6 km	Abzweig nach	Lavarone	Ende der absoluten Wahnsinnsstrecke	SS 349 / 6 km
8	– / 10 km	Lévico	Passo di Vezzena	in Lévico erst links, nächste rechts, SS 47 kreuzen, dann Hinweise Passo di Vezzena beachten, und es folgt Traumstrecke pur	– / 10 km
7	– / 7 km	Vetriolo Terme	Lévico	Serpentinen bergab	– / 7 km
6	– / 12,5 km	hinter Ronchi	Vetriolo Terme	Schöne Aussicht auf Lago di Caldonazzo	– / 12,5 km
5	– / 6 km	Telve di Sopra	Ronchi, Lévico	immer noch traumhafte Bergstrecke	– / 6 km
4	– / 31,5 km	Molina di Fiemme	Borgo, Passo Manghen	ein erstes spektakuläres Highlight auf dieser Runde	– / 31,5 km
3	SS 612 / 13 km	Gräuno	Cavalese	weiter herrliche Kurven	SS 612 / 13 km
2	– / 17 km	Salum	Gräuno	schöne Bergstrecke über Gfrill	– / 17 km
1	SS 12 / 24,5 km	Trento	Salum (Salurno)	schnelle Geradeauspassage durch das Etschtal	SS 12 / 24,5 km

Dieses Roadbook zum Heraustrennen im Anhang

ÖSTLICHES TRENTINO

 **INFORMATION**

• **Südliches Südtirol**
Tourismusverband Südtirols Süden
Pillhofstraße 1
I-39010 Fangart
Tel. 0039/0471/63 34 88,
Fax 0039/0471/63 33 67,
E-Mail suedtirols_sueden@rolmail.net,
Internet www.suedtirols-sueden.bz.it

• **Trentino**
APT Trentino
Via Romagnosi 11
I-38100 Trento
Tel. 0039/0461/49 73 53,
Fax 0039/0461/26 02 77,
E-Mail info@trentino.to,
Internet www.trentino.to

• **Trento**
Apt Trento
Via Alfieri 4
I-38100 Trento
Tel. 0039/0461/98 38 80,
Fax 0039/0461/98 45 08,
E-Mail informazioni@apt.trento.it,
Internet www.apt.trento.it

• **Lévico**
Apt Lévico Terme
Via V. Emanuele 3
I-38056 Lévico Terme
Tel. 0039/0461/70 61 01,
Fax 0039/0461/70 60 04,
E-Mail apt@valsugana.nu

MOTORRADFAHREN

Passo di Manghen grüßt Kaiserjägersteig – was für ein Erlebnis, diese beiden Highlights in Sachen Alpentour auf zwei Rädern!

Das kann man glatt zweimal fahren. Und dann wären da ja auch noch die einsamen Sträßchen am **Monte Panarotta**, im **Val dei Mocheni** oder weiter südlich rund um **Rovereto**.

KARTE

Generalkarte Italien 1:200 000, Großblatt 3 »Brenner, Verona, Parma«, Mairs Geographischer Verlag.

SEHENSWERT

• **Salurn**
Haderburg, symbolische, sagenumwobene, südlichste Burg im deutschen Sprachraum, um 1150 erbaut, eindrucksvoll auf eine schroffe, Schwindel erregende Felsspitze aufgesetzt; auf dem Weg in den Süden wurden hier (Tor zum Süden) beispielsweise Melanchton und Albrecht Dürer beherbergt; sehr schwer und nur zu Fuß zugänglich!

• **Besenello**
Im Etschtal zwischen Trento und Rovereto gelegen. Schloss Beseno, mit 1600 m² größtes Schloss des Trentino und des früheren Tirols, als die Südgrenze am Gardasee verlief. Seit 1973 durch Schenkung im Besitz der Provinz Trento. Das gigantische Schloss ist vom Ort Besenello aus erreichbar, etwa 7 km nördlich von Rovereto (Autobahnausfahrt »Rovereto-Nord«) oder etwa 16 km südlich von Trento.

Auf dem Weg nach Lévico

Seen-Süchtig

Eine wirklich unvergessliche Rundtour mit überaus vergnüglichem Kurvenspaß, erfrischenden Bademöglichkeiten in kristallklarem Wasser und meist kühler Höhenluft in der wunderbaren Landschaft der Tre Cime del Monte Boldone.

P ack die Badehose ein, nimm Dein ...«, so könnte auch das Motto dieser wunderschönen Runde für Genießer lauten. Los geht's mal wieder an der Autobahnabfahrt Mezzocorona. Danach beginnt ein aufregender Surf, den man in umgekehrter Richtung schon von Route 7 her kennt. Aber wie soft bietet eine in Gegenrichtung befahrene Strecke völlig andere Erlebnisse in Sachen Schräglagen und

Schräglage auf dem Weg nach Molveno

SÜDLICHES TRENTINO

Co. Wir brausen also vom Lago di Molveno über Tione zum Lago d'Idro und erfrischen dort die Extremitäten im kristall-klaren Wasser des Bergsees. Tolle Sache, die Badefreunde hier unbedingt nutzen sollten, denn der Gardasee verfügt leider nicht annähernd über diese hervorragende Wasser-qualität, obwohl sie sich in den letzten Jahren schon verbes-sert hat.

Pizze e Paste

Aber trotzdem sollte man den nächsten Stopp an den Ge-staden des Gardasees einplanen. Denn Motorradfahren macht hungrig, vor allem wenn man eine Strecke wie die hinunter nach Gargnano gerade hinter sich hat. Wie wär's also mit Pizza Calzone oder Cannelloni al forno in einem der zahlreichen Restaurants in Riva oder Torbole? Oder aber man stillt einen ganz anderen Appetit – nämlich den auf beein-druckende Aussichten. Die bekommt man übrigens recht be-quem per Seilbahnfahrt von Malcesine hinauf zum Monte Baldo geboten. Wer Drahtseilen nicht traut, kann ab Torbole auch gleich Route 10 mit einbinden, denn da gibt's zur fantas-tischen Aussicht auch noch Motorradfun erster Klasse dazu.

*Rechte Seite:
Fast eine
Allee, die
Strecke nach
Molveno*

*Schrägla-
genspaß im
westlichen
Trentino*

GARDASEE

Der Gardasee, im Altertum Lacus Benacus genannt, ist Italiens größter See. Er hat eine Fläche von 370 km² und eine Tiefe von bis zu 350 m. Seine Länge beträgt 51 km, die Breite dagegen reicht von 5 bis 16 km. Die üppige Wasserfläche teilen sich die Provinzen Verona, Brescia und Trento. Das Nord-, West- und Ostufer des Sees wird von felsigen Steilhängen geprägt. Im Süden tritt er aus den Alpen in die Ebene hinaus. Sein wichtigster Zufluss ist der Sarca. Entwässert wird der See durch den Mincio, der etwas weiter südlich in den Po mündet. Eine für Motorradfahrer besonders interessante und beeindruckende Straße, die zum Großteil durch Tunnels hoch über dem See verläuft, befindet sich am Westufer. Hier wachsen Zitronen, Oliven und auch Feigen. Trotz etwas nachlässiger Haltung in Sachen Umweltschutz, besitzt der See reiche Fischgründe. Das Ufer wird z. T. durch wunderschöne Villen gesäumt. Interessant auch die Halbinsel Sirmione, im Süden des Sees, wo Ruinen einer römischen Villa und ein Scaligerschloss zu bewundern sind.

Tre Cime del Monte Boldone

Wer es gern kribbelig und lebhaft mag, der wird das geschäftige und touristische Treiben am Nordufer des Gardasees so richtig genießen. Möglicherweise werden den Meisten aber die Kurven des Monte Boldone mehr zusagen. Erst schraubt sich das meist recht wenig befahrene Sträßchen in weiten Kehren in die luftige Höhe unterhalb des Il Palone (2090 m), um dann in einem Potpourri aus Kehren, Spitzkehren und Serpentinen wieder im Etschtal zu enden.

Nr.	Straße km	Position	Richtung	Information		
15	- 35,5 km	Lasino	Trento	weiterhin Sahnekurven		35,5 km
14	- 11,5 km	Dro	Cavédine	Straße wieder leer, tolle Strecke		11,5 km
13	SS 45 5 km	Arco	Dro	auch noch reichlich Verkehr		SS 45 5 km
12	SS 240 8 km	Torbole	Arco	oft Staus !		SS 240 8 km
11	- 4 km	Riva	Torbole	hier beste Gelegenheiten zum Bummeln und Einkehren		4 km
10	SS 45 10,5 km	Limone	Riva	am Gardasee entlang		SS 45 10,5 km
9	- 18 km	Abzweig nach	Tignale	tolles Kurvengeschlängel, in Tignale weiter Richtung Tremósine, danach wieder bergab zum Gardasee		18 km
8	SS 45 6 km	Gargnano	Riva	am Gardasee entlang		SS 45 6 km
7	- 25 km	Lago d'Idro	Gargnano	herrliche Strecke, bald am Lago di Valvestino entlang		25 km
6	SS 237 40 km	Tione	Brescia	bis zum Ende des Lago d'Idro auf dieser Straße bleiben		SS 237 40 km
5	SS 237 14,5 km	auf Höhe Terme di Comano	Tione	bald an Lago Ponte Pia entlang		SS 237 14,5 km
4	- 32 km	Rocchetta	Molveno, Terme di Comano	weiterhin Traumstrecke		32 km
3	- 6 km	Mezzo- corona	Rocchetta	In Rocchetta kurz auf SS 43, dann links Richtung Molveno		6 km
2	- 2,5 km	Autobahnab- fahrt Mezzo- corona	Mezzocoro na			2,5 km
1	- 15 km	Autobahn- abfahrt Trento	Mezzo- lombardo	auf Nebenstraße parallel zur Autobahn aufwärts durch das Etschtal		15 km

Dieses Roadbook zum Heraustrennen im Anhang

INFORMATION

- **Trentino**
APT Trentino
Via Romagnosi 11
I-38100 Trento
Tel. 0039/0461/49 73 53,
Fax 0039/0461/26 02 77,
E-Mail info@trentino.to,
Internet www.trentino.to

- **Trento**
Apt Trento
Via Alfieri 4
I-38100 Trento
Tel. 0039/0461/98 38 80,
Fax 0039/0461/98 45 08,
E-Mail informazioni@apt.trento.it,
Internet www.apt.trento.it

- **Lago d'Idro**
Ufficio Turistico
Via XXIV Maggio 115
Lodrone
Tel. 0039/0465/68 50 33
Außerdem gibt es eine sehr informative Internetseite für den Gardasee: www.gardasee.de

UNTERKUNFT

- **Molveno**
Alexander Hotel Cima Tosa
Piazza Scuole 7
I-38018 Molveno
Tel. 0039/0461/58 69 28, Fax
0039/0461/58 60 50
E-Mail hotel.alexander@interline.it,
info@alexandermolveno.com,
Internet www.alexandermolveno.com
Familie Bonetti bietet ein motorradfreundliches Hotel in Molveno.

Hotel du Lac
Via Nazionale 4
I-38018 Molveno
Tel. 0039/0461/58 69 65,
Fax: 0039/0461/58 62 47,
E-Mail info@hoteldulac.it,
Internet www.hoteldulac.it
Kleines, familiäres Hotel mit Restaurant, Bikergarage und Trockenraum.

- **Riva**
Hotel Panorama
I-38060 Pregasina di Riva del Garda
Tel. 0039/0464/52 03 44,
Fax 0039/0464/556963
Tolle Aussicht und beste Bewirtung.

Hotel Mirage
Viale Rovereto 97/99
I-38066 Riva del Garda (TN)
Tel. 0039–0464–552671, Fax
0039–0464–553211
E-Mail mirage@rivadelgarda.com,
Internet www.rivadelgarda.com/mirage
Drei-Sterne-Hotel gleich am See gelegen, sichere Abstellplätze für das Motorrad.

- **Gargnano / Gardasee**
Hotel Monte Gargnano
Via Lianno 13
I-25084 Gargnano
Tel. 0039/0365/7 13 89, Dezember bis März:
Tel. 0039/0335/8 43 31 43
Auf Hochfläche über dem Gardasee gelegen.

ESSEN & TRINKEN

- **Ponte Caffaro** (nördlich des Lago d'Idro)
Pizzeria Josélito
Via Tito Speri
Ponte Caffaro
Köstliche Pizze e Paste.

• **Arco**
Ristorante Alla Grotta
Via Monte Brione 5, Arco-San Giorgio
Tel. 0039/0464/553244
Bergkäse vom Grill, Steaks, Raclette.

MOTORRADFAHREN

Gardasee, Lago d'Idro und Umgebung sind eigentlich mehrere Motorradreisen wert. Viel gibt es zu entdecken in der wahrlich

schroffen Gebirgswelt am Südrand der Alpen. Allerdings muss man auch wissen, dass das üppige Grün hier seine Ursache in durchaus heftigen Gewitterschauern hat, die in kürzester Zeit entstehen und auch Motorradfahrer ordentlich wässern können.

KARTE

Generalkarte Italien 1:200 000, Großblatt 3 »Brenner, Verona, Parma«, Mairs Geographischer Verlag.

Höhenrausch am Monte Baldo

**Leute – startet die Motoren!
Denn es wartet eine zwar kurze,
aber wahrlich feine Spitzenrunde,
die etwas mit latentem Wahnsinn
zu tun hat und die man garantiert
nie mehr vergessen wird.**

Es geht gar nicht um den schnellen Geradeaussurf am Gardasee entlang. Der ist zwar landschaftlich reizvoll, bietet hier und da ein nettes Plätzchen für eine lauschige Pause am See, gestaltet sich aber sonst zumindest als fahrtechnisch eher fad. Da fragt sich der engagierte Motorradtreiber natürlich völlig zu Recht, was bei einer Rundenlänge von überhaupt nur 107,5 km insgesamt an Schman-

*Frühlings-
bild mit
Löwenzahn*

TRENTINO / VENETO

Enge Straße und hohe Felsen

kerln noch übrig bleiben soll. Eine Ganze Menge, das ist versprochen, sicher nicht was die Quantität angeht, aber ganz sicher, was die Qualität der Strecke zwischen **Mori** und **Caprino** betrifft.

Wie ein Korkenzieher

Wer in Mori den Blinker zum ersten Mal nach links setzt, dürfte wohl noch keine so rechte Vorstellung von dem haben, was schon auf den nächsten paar Metern passieren wird. Man verlässt nämlich nicht nur den miefigen, immer vollen Urlaubshighway, die Autostrada-Torbole – Riva, sondern findet sich im Handumdrehen in einer unbeschreiblichen Idylle wieder. Auf der »**Monte-Baldo-Höhenstraße**« Richtung **Brentónico** kann man nämlich wieder »ganz man selbst« werden. Denn hier nerven keine Brummis, keine Staus und auch keine dahin schleichenden Sonntagsfahrer. Dafür gibt es aber Kurven satt. Wie ein Korkenzieher schraubt sich die Straße, wo nur zu Anfang genug Platz für Motorrad und eventuell entgegenkommende Autos bleibt, in Schwindel erregende Höhen.

Panoramasurf

Unzählige Schräglagen, garniert mit superengen Kehren, in denen man auch ordentlich mit der Lenkstange arbeiten muss, sorgen dabei für einen schnellen »Take-off«. Das Tal – überzogen mit sattem Grün – bleibt schnell weit unter einem, und ein beeindruckendes, weit reichendes Panorama tut sich auf. Am Gasthaus »**Bocca di Navena**« wird das alles nochmals übertroffen. Hier beeindruckt nämlich ein senkrechter Blick auf den rund 1300 m weiter unten liegenden, grünlichblauen, dahin dümpelnden, **Gardasee**.

Spuren des Ersten Weltkriegs

Einige Schräglagen später lassen sich unterhalb des 2218 m hohen **Cima Valdritta** im zerfurchten Wiesengelände reich-

lich Spuren von Menschenhand ausmachen. Wieder einmal trifft man auf eine Kampflinie des Ersten Weltkriegs. Nachdem die italienische Armee 1917 die bis dahin heiß umkämpfte Dolomitenfront räumen musste, entstand hier ein

TRENTINO / VENETO

*Schroffe
Felsenwelt
am Monte
Baldo*

neuer Hot Spot in Sachen Granaten, Bomben und Tod. Fahren wir also lieber weiter und genießen dabei die weite Aussicht in die **Poebene** hinein, die von hier oben gar nicht so langweilig wirkt, wie sie eigentlich ist.

Am Ufer des Gardasees

Speed am Garda- seeufer

Über **Spiazzi** und Caprino rollt man dann Meter für Meter weiter bergab. Übrigens, man verlässt hier die Alpen Richtung Süden. Die geologische Grenze zwischen Bergen und Flachland erreicht man etwa in **Garda**, dem Wendepunkt dieser Runde Richtung Norden, wo der anfangs schon angesprochene Turn nach **Torbole** die Wahnsinnsstrecke auf der »Monte Baldo Höhenstraße« fast zu schnell ein Ende setzt.

Eine Pause muss auch mal sein.

Nr.	Straße km	Position	Richtung	Information		
6	SS 241 9 km	Torbole	Mori	Achtung: Berganstrecke nach Mori auch bei wenig Feuchtigkeit oft glatt wie Schmierseife	❗	SS 241 9 km
5	SS 240 2 km	Torbole	Arco	der richtige Ort zum Bummeln	❗ ✕	SS 240 2 km
4	SS 249 30 km	Garda	Riva, Torbole	am Gardaseeufer entlang	❗ ✕ ✕ ✕	SS 249 30 km
3	– 8,5 km	Caprino	Garda	sehenswerter Ort Caprino, weiter auf »Strada del Vino Bardolino«	✕ ✕	– 8,5 km
2	– 40 km	Brentónico	Monte Baldo, Caprino	Superkurvenstrecke mit sensationeller Aussicht über Etschtal und z. T. auch zum Garadsee; auf halber Strecke alte Frontlinien.	✕ ✕ ✕	– 40 km
1	– 9 km	Mori	Brentónico	in Mori die meist richtig volle SS 240 zwischen Gardasee und Autobahn verlassen, sofort aber Traumstrecke	❗ ✕ ✕ ✕	– 9 km

Dieses Roadbook zum Heraustrennen im Anhang

TRENTINO / VENETO

GARDASEE

INFORMATION

• **Trentino**
APT Trentino
Via Romagnosi 11
I-38100 Trento
Tel. 0039/0461/49 73 53,
Fax 0039/0461/26 02 77,
E-Mail info@trentino.to,
Internet www.trentino.to

UNTERKUNFT

• **Riva**
Hotel Panorama
I-38060 Pregasina di Riva del Garda
Tel. 0039/0464/52 03 44,
Fax 0039/0464/556963
Prima Quartier und gute Küche.

• **Torbole**
Hotel Garni Toresela
Via Rivana 5 a,
I-38060 Torbole-Nago,
Tel. 0039/0464/540030,
Fax 0039/0464/540095,
E-Mail info@hoteltoresela.it,
Internet www.hoteltoresela.it
Idealer Ausgangspunkt für Motorradtouren. Modernes Garni, günstige Zimmer, Garage, Trockenraum. Der Chef fährt selbst und hilft bei der Urlaubsplanung.

MOTORRADFAHREN

Halten Sie sich auf der »Monte Baldo Höhenstraße« bitte ganz rechts, denn in der nächsten Kurve könnte ein Auto entgegenkommen und es gibt Stellen, wo garantiert nur für eines der beiden Fahrzeuge Platz ist!

KARTE

Generalkarte Italien 1:200 000, Großblatt 3 »Brenner, Verona, Parma«, Mairs Geographischer Verlag.

SEHENSWERT

• **Besenello**
Im Etschtal zwischen Rovereto und Trento gelegen. Schloss Beseno, mit 1600 m^2 größtes Schloss des Trentino und des früheren Tirols, als die Südgrenze am Gardasee verlief. Seit 1973 durch Schenkung im Besitz der Provinz Trento. Das gigantische Schloss ist vom Ort Besenello aus erreichbar, etwa 7 km nördlich von Rovereto (Autobahnausfahrt Rovereto-Nord) oder etwa 16 km südlich von Trento.

Bridge over troubled water

Register

*Kurvenspaß
bei Cortina
d'Ampezzo*

Fahren mit Roadbook

Damit Sie die schönsten Touren ungehindert genießen können, erhalten Sie von uns das Roadbook für den schnellen Überblick zum Mitnehmen.

Mit Hilfe der Wegbeschreibungen und Kurzinfos erfahren Sie kurz und knapp, welche Abzweigungen Sie nehmen müssen und welche Attraktionen Sie am Straßenrand erwarten.

Am Anfang erhalten Sie einen kurzen Überblick über die Region und über den Routenverlauf. Das Roadbook selbst ist in übersichtliche Spalten aufgeteilt mit folgenden Informationen:

Die Kennzeichnungen **Nr./km** zählen die Kreuzungen und deren jeweilige Entfernungen zwischen den einzelnen Roadbook-Positionen auf.

Straße bezeichnet die Strecke mit der offiziellen inländischen Bezeichnung, auf der Sie sich befinden.

Position nennt die Ortschaft oder den Ort, an dem Sie sich gerade befinden.

Die Spalte **Richtung** weist darauf hin, welche Richtung Sie einschlagen müssen, um in einen Ort zu gelangen.

Piktogramme geben Ihnen genaue Anweisungen, welchen Abzweigungen Sie an den Kreuzungen folgen sollten.

Weitere Piktogramme finden Sie in der Spalte **Information**. Hier werden Sie auf besondere Sehenswürdigkeiten oder Übernachtungsmöglichkeiten hingewiesen.

Die einzelnen Piktogramme:

Sehenswert	Bikerfreundliche Gaststätte
Kirche	Tankstelle
Schloss	Badestrand
Museum	Parkplatz
Aussicht rundum	Campingplatz
Aussicht halb	Alternative, Abstecher
Achtung	Fähre/Schiff
Hotel/Übernachtung	Info

Roadbook

**Die jeweiligen Roadbooks
zum Heraustrennen und Mitnehmen**

Roadbook 1

Routen in Südtirol und im Trentino

Gebiet: Nordöstliches Südtirol
Region: Pustertal & Umgebung
Routenverlauf: Sterzing – Pfitscher Tal – Brixen – Pustertal – Bruneck – Mühlwalder Tal – Raintal – Gsieser Tal
Gesamtstrecke: 337,5 km

Nr.	Straße / km	Position	Richtung	Information	
20	– / 19 km	Welsberg	Gsierser Tal	nach 3 km links »Brückenwirt«; am Straßenende weit oben auf Höhe Pidig Alm endet auch die beschriebene Strecke	– / 19 km
10	SS 49 / 6,5 km	Olang	Welsberg	wieder auf SS 49 durch Pustertal, oft voll	SS 49 / 6,5 km
18	– / 18 km	Staller Sattel	Olang	an Staller Sattel (2046 m) Weiterfahrt nach Osttirol möglich	– / 18 km
17	– / 18 km	Olang	Antholzer Tal	SS 49 verlassen, dann tolle Strecke zum Staller Sattel (Ampel mit langer Rotphase)	– / 18 km
16	SS 49 / 8 km	Abzweig nach	Toblach	weiter durch das Pustertal, reichlich Verkehr und auch Radarkontrollen	SS 49 / 8 km
15	– / 3 km	Bruneck	Toblach	Richtung SS 49 halten	– / 3 km
14	– / 15 km	Sand in Taufers	Bruneck	nun durch Tauferer Tal retour	– / 15 km
13	– / 16 km	Knuttental	Sand in Taufers	ab Straßenende retour durch das wilde Tal	– / 16 km
12	– / 16 km	Sand in Taufers	Rein, Knuttental	wunderschöne Strecke	– / 16 km
11	– / 30 km	Trinkstein	Sand in Taufers	retour durch das Ahrntal	– / 30 km
10	– / 30 km	Sand in Taufers	Kasern, Trinkstein	durchs tolle Ahrntal bis zum Straßenende	– / 30 km
9	– / 2,5 km	Mühlen	Sand in Taufers	bald durch Sand in Taufers fahren	– / 2,5 km
8	– / 16,5 km	Neves-Stausee	Mühlen	ab Straßenende am Stausee auf gleicher Straße retour	– / 16,5 km
7	– / 16,5 km	Mühlen	Lappach, Neves-Stausee	durchs Mühlwalder Tal fahren	– / 16,5
6	– / 12,5 km	Bruneck	Sand in Taufers	durch das Tauferer Tal fahren, in Bruneck sehenswertes Volkskundemuseum	– / 12,5 km
5	– / 4 km	Abzweig nach	Bruneck	SS 49 verlassen	– / 4 km
4	SS 49 / 28 km	Abzweig nach	Bruneck	auf Höhe der sehenswerten Probstei Neustift abbiegen, dann oft volle Straße, aber landschaftlich schön	SS 49 / 28 km

Nr.	Straße km	Position	Richtung	Information	
3	SS 12 / 29 km	Sterzing	Brixen	Brennerstraße oft voll, vor Brixen Franzensfeste	⚠ 🏔🏨⭐ SS 12 / 29 km
2	– / 25 km	Stein	Kematen, Sterzing	nach Kematen auf gleicher Strecke retour	⭐ – / 25 km
1	– / 24 km	Sterzing	Pfitscher Tal	über die Orte Wiesen, Kematen und St. Jakob durch das wunderschöne Pfitscher Tal nach Stein, zuletzt Holperstrecke	⚠⭐ – / 24 km

Karte: Generalkarte Italien 1:200 000, Großblatt 3 »Brenner, Venedig, Triest«, Mairs Geographischer Verlag

INFORMATION

- **Sterzing**

Tourismusverein Sterzing (Vipiteno)
Stadtplatz 3
I-39049 Sterzing (Vipiteno)
Tel. 0039/0472/76 53 25,
Fax 0039/0472/76 54 41,
E-Mail info@infosterzing.it, Internet
www.teletour.de/italien/suedtirol/sterzing oder
www.infosterzing.it

ESSEN & TRINKEN

- **Gsierser Tal**

Brückenwirt
Wiesen 7 A
I-39035 Welsberg (Monguelfo)
Tel. 0039/0474/95 02 59
Frisch gemachte Spezialitäten der Südtiroler
Küche – lecker!

UNTERKUNFT

- **Brixen**

Hotel Temlhof
Elvaserrstr. 76
I-39042 Brixen (Bressanone)
Tel. 0039/0472/83 56 33,
Fax 0039/0472/84 55 39,
E-Mail temlhof@dnet.it,
Internet www.motor-bikehotels.com
Schönes »Motor Bike Hotel«, wo man
eigentlich immer auf Gleichgesinnte trifft.

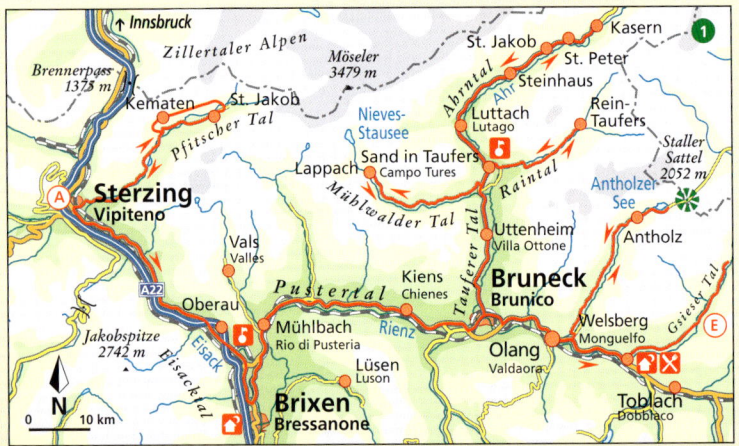

Roadbook 2

Routen in Südtirol und im Trentino

Gebiet: Nördliches Südtirol
Region: Passeier & Sarntal
Routenverlauf: Bozen – Meran – Timmelsjoch – Jaufenpass – Sterzing – Penser Joch – Klobenstein – Bozen
Gesamtstrecke: 212 km

Nr.	Straße / km	Position	Richtung	Information		
10	- / 18,5 km	Klobenstein	Bozen	in der Nähe kann man die berühmten Erdpyramiden bestaunen		– / 18,5 km
9	- / 15,5 km	Abzweig nach	Kematen, Klobenstein	kleines, sehr feines Kurvenensemble über Wangen und Oberinn nach Klobenstein		– / 15,5 km
8	SS 508 / 47 km	Abzweig nach	Sarntheim	auf Höhe Brennerautobahn rechts abbiegen, es folgt das tolle Penser Joch		SS 508 / 47 km
7	SS 44 / 30 km	Sankt Leonhard	Sterzing	es folgt ein Super-Kurvenspaß über den Jaufenpass		SS 44 / 30 km
6	SS 44 / 27 km	Timmelsjoch	Sankt Leonhard	auf gleicher Strecke retour, allerdings geradeaus Abstecher (mautpflichtig) nach Österreich möglich		SS 44 / 27 km
5	SS 44 / 27 km	Sankt Leonhard	Timmelsjoch	Superkurvenstrecke bis hinauf auf 2491 Meter		SS 44 / 27 km
4	- / 24 km	Meran	Sankt Leonhard	hübsche Stadt mit sehr sehenswerter Umgebung		– / 24 km
3	- / 10,5 km	Hafling	Meran	rechts Abstecher zur Kapelle Hafling mit Traumaussicht auf Texelgruppe möglich		– / 10,5 km
2	- / 23 km	Jenesien	Hafling	wunderschöne Höhenstrecke über Flaas, Mölten und Vöran nach Hafling		– / 23 km
1	- / 8 km	Bozen	Jenesien	schwieriges Herausgewussel aus Bozen, sehenswerte Innenstadt		– / 8 km

Karte: Generalkarte Italien 1:200 000, Großblatt 2 »Brenner, Verona, Parma«, Mairs Geographischer Verlag

INFORMATION

• **Bozen**
Verkehrsamt Bozen (Bolzano)
Waltherplatz 8
I-39100 Bozen (Bolzano)
Tel. 0039/0471/30 70 01,
Fax 0039/0471/98 01 28,
E-Mail info@bolzano-bozen.it,
Internet www.bolzano-bozen.it oder
www.hallo.com

• **Sankt Leonhard**
Tourismusverein St. Leonhard
im Passeier
(S. Leonardo in Passiria)
Passeirer Straße 40
I-39015 St. Leonhard/Passeier
(S. Leonardo in Passiria)
Tel. 0039/0473/65 61 88,
Fax 0039/0473/65 66 24,
E-Mail info@passeiertal.org,
Internet www.passeiertal.org

BRUCKMANN

UNTERKUNFT

- **Schenna bei Meran**
Hotel Fink
Verdinserstr. 9b
I-39017 Schenna
Tel. 0039/0473/94 58 48,
Fax 0039/0473/94 56 62,
E-Mail fink@schenna.com,
Internet www.hotel-fink.com
Schönes Haus mit Aussicht über das Etschtal.

MOTORRADFAHREN

Klar, Jaufenpass oder Penser Joch sind gut bekannt. Genügend Zweiradfans sausen hier entlang, wenn sie Südtirol einen Besuch abstatten. Aber das ist nicht alles, was das Gebiet so interessant macht. Viele kleine Straßen führen nämlich hier und da als Stichwege oder gar als Runden über die Höhen von Etsch-, Sarn- und Eisacktal, wofür diese tolle Runde immer wieder erstklassige Beispiele liefert.

ESSEN & TRINKEN

- **Meran**
Café-Restaurant Töllerkeller
Alte Landstraße 38
I-39022 Algund bei Meran
Tel. 0039/0473/20 06 98
Sympathisches Restaurant, in dem man stets frische Spezialitäten aus der Tiroler und der feinen italienischen Küche serviert. Am Nachmittag gibt's auch Kaffee und Kuchen.

VERANSTALTUNGEN

- **Bozen**
Gastronomische Woche »Altbozner Kost«, jedes Jahr Anfang Mai.
Info: Verkehrsamt Bozen (Bolzano)
Waltherplatz 8
I-39100 Bozen (Bolzano)
Tel. 0039/0471/30 70 01,
Fax 0039/0471/98 01 28,
E-Mail info@bolzano-bozen.it,
Internet www.bolzano-bozen.it oder
www.hallo.com

SEHENSWERT

- **Museum für moderne Kunst.**
Südtiroler Archäologiemuseum
Museumstr. 43
I-39100 Bozen
Tel. 0039/0471/98 20 98,
Fax 0039/0471/98 06 48,
E-Mail museum@iceman.it,
Internet www.iceman.it
Hier findet man den »Mann aus dem Eis« (Ötzi). Außerdem werden Stein-, Kupfer-, Bronze-, Eisen- und die Römerzeit bis zu Karl dem Großen (800 n. Chr.) in einem anspruchsvollen Parcours durch 15 000 Jahre Geschichte präsentiert.

Roadbook 3

Routen in Südtirol und im Trentino

Gebiet: Nordwestliches Südtirol
Region: Vinschgau
Routenverlauf: Reschenpass – Langtauferer Tal – Matscher Tal – Martelltal – Schnalstal – Partschins – Meran
Gesamtstrecke: 228,5 km

Nr.	Straße / km	Position	Richtung	Information	km
17	- / 18 km	Naturns	Meran	in Partschins nach 9 km links Abstecher zu Wasserfall möglich	18 km
16	- / 13 km	Voderkaser	Naturns	ab Gasthof Vorderkaser retour nach Karthaus, dort dann durchs Schnalstal bergab nach Naturns	13 km
15	- / 4 km	Karthaus	Pfossental	recht holprige und abenteuerliche Strecke	4 km
14	- / 13,5 km	Kurzras	Naturns	ab Straßenende zunächst retour durch das Schnalstal	13,5 km
13	- / 22 km	Kompatsch	Schnalstal	Abzweig befindet sich unter Burg Juval, wo Reinhold Messner zuhause ist	22 km
12	- / 14 km	Goldrain	Meran	ab Latsch auf SS 38 Richtung Meran	14 km
11	- / 20,5 km	Zufrittsee	Goldrain	ab Straßenende retour durch das wilde Martelltal	20,5 km
10	- / 22 km	Goldrain	Martelltal	nach 1,5 km rechts Richtung Martelltal	22 km
9	SS 38 / 4 km	Schlanders	Meran	nur kurz auf SS 38 bleiben	SS 38 / 4 km
8	- / 13 km	Schluderns	Tannas, Schlanders	kleine Straße mit Superaussicht	13 km
7	SS 40 / 4 km	Mals	Meran	kurz auf SS 40 an Etsch entlang	SS 40 / 4 km
6	- / 13,5 km	Tanai	Mals	ab Straßenende retour durch das Matscher Tal	13,5 km
5	- / 13,5 km	Mals	Matsch, Tanai	wieder ein wunderschöner Abstecher	13,5 km
4	SS 40 / 26 km	Graun	Meran	im Reschensee kann man die bekannte, halb versunkene Kirche bestaunen	SS 40 / 26 km
3	- / 11 km	Melag	Graun	ab Straßenende retour durch das Langtauferer Tal	11 km
2	- / 11 km	Graun	Langtauferer Tal	schöne Strecke Richtung Einsamkeit	11 km
1	SS 40 / 5,5 km	Reschenpass	Meran	der Start befindet sich exakt an der Staatsgrenze zwischen Italien und Österreich	SS 40 / 5,5 km

Karte: Generalkarte Italien 1:200.000, Großblatt 3 »Brenner, Verona, Parma«, Mairs Geographischer Verlag   BRUCKMANN

INFORMATION

- **Vinschgau**

Tourismusverband Vinschgau
Kapuzinerstr. 10
I-39028 Schlanders (Silandro)
Tel. 0039/0473/62 04 80,
Fax 0039/0473/62 04 81,
E-Mail vinschgau@suedtirol.com,
Internet www.vinschgau.suedtirol.com

UNTERKUNFT

- **Reschen am See**

Garni Wallnöfer
Hauptstr. 12
I-39027 Reschen
Tel. 0039/0473/63 32 27,
Fax 0039/0473/63 23 19,
E-Mail j.wallnöfer@rolmail.net,
Internet www.moto-bike-wallnoefer.it
Die Motorradadresse im Gebiet
schlechthin.

ESSEN & TRINKEN

- **Reschen**

Motorradcafé Biker News im Garni Wallnöfer
in Reschen (Adresse s. oben).
Imbisse und mehr.

MOTORRADFAHREN

Das Vinschgau liegt zentral und grenzt im Westen an Österreich und die Schweiz. Das garantiert allerbeste Motorradabenteuer mit ständig anderen Passstraßen.

VERANSTALTUNGEN

- **Reschen**

Internationales Skijachting Reschen-Stilfser Joch (jedes Jahr im Juli!). Info bei Tourismusverband Vinschgau (s. oben)

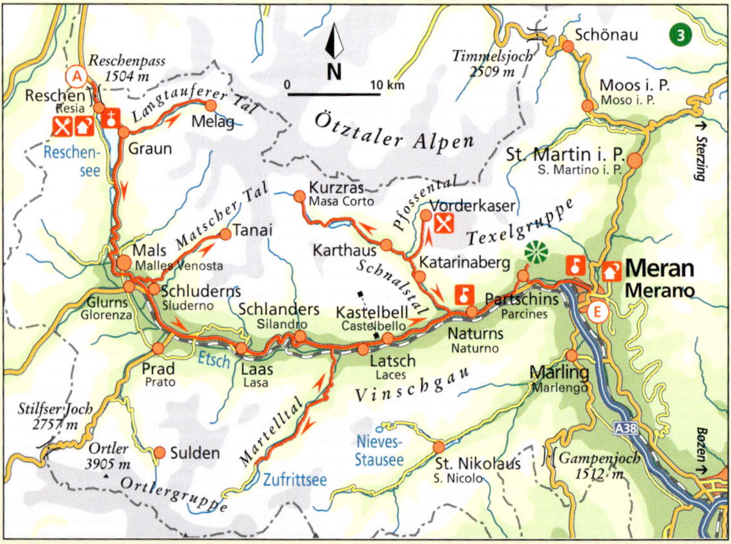

Roadbook 4

Routen in Südtirol und im Trentino

Gebiet: Östliches Südtirol
Region: Dolomiten
Routenverlauf: Toblach – Cortina – Canazei – Steinegg – Blumau – Gröden – Furkelsattel – Welsberg – Toblach
Gesamtstrecke: 225 km

Nr.	Straße / km	Position	Richtung	Information	
19	SS 49 / 10 km	Welsberg	Toblach	nach 2,5 km lohnende Abstecher rechts zu Pragser Wildsee und zur Hochalm Plätzwiese	SS 49 / 10 km
18	- / 18 km	Olang	Welsberg	in Olang auf kleine Straße abbiegen	- / 18 km
17	- / 10 km	St. Vigil	Furkelsattel, Olang	wunderschönes kleines Passsträßchen	- / 10 km
16	- / 3 km	Zwischenwasser	St. Vigil/ Enneberg	SS 244 verlassen	- / 3 km
15	SS 244 / 21 km	Corvara	Bruneck	schönes Gadertal	SS 244 / 21 km
14	SS 243 / 9 km	Plan de Gralba	Corvara	Traumsurf über Grödner Joch, dort Superaussicht	SS 243 / 9 km
13	SS 242 / 11 km	St. Ulrich	Grödner Joch	Heimat von Luis Trenker	SS 242 / 11 km
12	- / 30 km	Blumau	Gröden	nur kurz auf SS 12, dann über Völs, Kastelruth, Seis und dem Panider Sattel ins Grödner Tal	- / 30 km
11	- / 12 km	Abzweig nach	Steinegg	einsames Sträßchen, ab Steinegg (Motorradhotel Steinegger Hof) durch 15 Kehren bergab nach Blumau	- / 12 km
10	- / 6 km	Welschnofen	Gummer	einsames Sträßchen	- / 6 km
9	SS 241 / 14,5 km	Pozza	Welschnofen	tolles Kurvengeschlängel über Karer Pass, Hinweis schlecht zu sehen	SS 241 / 14,5 km
8	SS 48 / 14,5 km	Canazei	Pozza	oft sehr volle Straßen	SS 48 / 14,5 km
7	SS 641 / 23 km	Caprile	Canazei	nächste wieder links, Strecke über Passo di Fedáia folgt	SS 641 / 23 km
6	SS 203 / 8 km	Abzweig nach	Alleghe	immer noch Superserpentinen bergab	SS 203 / 8 km
5	SS 48 / 5 km	Passo di Falzarego	Alleghe	Superaussicht inmitten der Traumwelt der Dolomiten	SS 48 / 5 km
4	SS 48 / 11 km	Cortina	Passo di Falzarego	weiterhin Traumstrecke	SS 48 / 11 km
3	SS 48 / 10 km	Abzweig nach	Cortina	es folgt der Passo Tre Croce, hier Fahrbahnsenkungen	SS 48 / 10 km

BRUCKMANN

Nr.	Straße / km	Position	Richtung	Information	
2	SS 48 / 9 km	Schluderbach	Auronzo ←	schöne Strecke mit möglichem Abstecher Richtung Drei Zinnen (nach 6,5 km) und Pausenplätzchen am Misurina See	**A** — SS 48 / 9 km
1	SS 51 / 12 km	Toblach	Cortina ↑	schnelle Geradeauspassage durch das Höhlsteintal	SS 51 / 12 km

Karte: Generalkarte Italien 1:200 000, Großblatt 3 »Brenner, Venedig, Triest«, Mairs geographischer Verlag

INFORMATION

• **Hochpustertal**
Tourismusverband Hochpustertal
Pflegplatz 1, I-39038 Innichen
Tel. 0039/0474/91 31 56,
Fax 0039/0474/91 43 61,
E-Mail info@altapusteria.net,
Internet www.altapusteria.net

ESSEN & TRINKEN

Auf den jeweiligen Passhöhen gibt es reichlich Einkehrmöglichkeiten. Sie zeichnen sich zwar nicht immer durch ein besonders gutes Preis-Leistungs-Verhältnis aus, aber dennoch trifft man hier reichlich Gleichgesinnte.

UNTERKUNFT

• **Sexten**
Hotel Kreuzbergpass
St.-Josef-Str. 55
I-39030 Sexten/Südtirol
Tel. 0039/0474/71 03 28,
Fax 0039/0474/71 03 83,
E-Mail hotel@kreuzbergpass.com,
Internet www.kreuzbergpass.com
Tolles Haus direkt am Kreuzbergpass, also nicht weit vom Start der Tour entfernt. Sehr gute Küche.

SEHENSWERT

• **Völs am Schlern**
Burg Prösels, Tel. 0039/0471/60 10 62

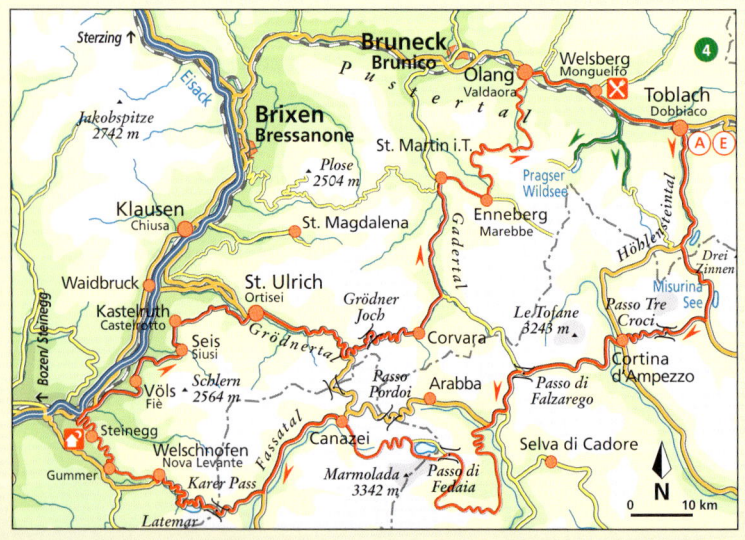

Roadbook 5
Routen in Südtirol und im Trentino

Gebiet: Westliches Südtirol
Region: Ortler
Routenverlauf: Schluderns – Umbrial Pass – Bormio – Gavia Pass – Gampenjoch – Meran – Stilfser Joch – Schluderns
Gesamtstrecke: 290 km

Nr.	Straße / km	Position	Richtung	Information	
11	– / 16 km	Santa Maria	Schluderns, Italien	ℹ️	– / 16 km
10	– / 10 km	hinter Stilfser Joch	Santa Maria, Schweiz	nun auf gleicher Strecke, wie zu Beginn der Tour, zurück, teils Schotter	– / 10 km
9	SS 38 / 30 km	Abzweig zum	Stilfser Joch	krönender Abschluss der Runde mit dem Kult-surf (teils schlechte Straße) zum Stilfser Joch (2757 m), Abstecher nach Sulden (1907m) möglich	SS 38 / 30 km
8	SS 38 / 45 km	Höhe Meran	Reschen-pass	schöne Geradeauspassage durch Vinschgau	SS 38 / 45 km
7	SS 238 / 36 km	Fondo	Meran	es folgt das Gampenjoch, mit seiner tollen Aussicht über das Etschtal	SS 238 / 36 km
6	SS 42 / 15 km	Lago di Santa Giustina	Fondo	immer noch Superkurven, auch Abstecher ins abgelegene Proveis möglich	SS 42 / 15 km
5	SS 42 / 49 km	Abzweig nach	Passo del Tonale	nach 2 km weiter Richtung Passo del Tonale, wieder Superkurven	SS 42 / 49 km
4	SS 300 / 46 km	Bormio	Ponte, Gavia-Pass	auf 2621 Meter am Gavia-Pass gibt's reichlich Höhenluft zu schnuppern	SS 330 / 46 km
3	SS 38 / 17 km	hinter Umbrail-Pass	Bormio	wunderbares Bergabgeschlängel	SS 38 / 17 km
2	– / 10 km	Santa Maria	Stilfser Joch, Italien	Kurventraum im Val Muranza und Schotter-albtraum am Umbrail	– / 10 km
1	SS 41 / 16 km	Schluderns	Santa Maria, Schweiz	interessante Strecke durch das Münstertal	SS 41 / 16 km

Karte: Generalkarte Italien 1:200 000, Großblatt 3 »Brenner, Verona, Parma«, Mairs Geographischer Verlag

 **INFORMATION**

- **Sterzing**
Tourismusverein Sterzing (Vipiteno)
Stadtplatz 3
I-39049 Sterzing (Vipiteno)
Tel. 0039/0472/76 53 25,
Fax 0039/0472/76 54 41,
E-Mail info@infosterzing.it,
Internet www.teletour.de/italien/
suedtirol/sterzing oder www.infosterzing.it

 UNTERKUNFT

- **Brixen**
Hotel Temlhof
Elvaserrstr. 76, I-39042 Brixen (Bressanone)
Tel. 0039/0472/83 56 33,
Fax 0039/0472/84 55 39,
E-Mail temlhof@dnet.it,
Internet www.motor-bikehotels.com
Schönes »Motor Bike Hotel«, wo man eigentlich immer auf Gleichgesinnte trifft.

BRUCKMANN

ESSEN & TRINKEN

• **Gsierser Tal**
Brückenwirt
Wiesen 7 A
I-39035 Welsberg (Monguelfo)
Tel. 0039/0474/95 02 59
Frisch gemachte Spezialitäten der Südtiroler
Küche – lecker!

MOTORRADFAHREN

Ein längerer Aufenthalt im Eisack- oder
Pustertal lohnt immer. Denn neben der
beschriebenen Route gibt es auch reichlich
kleine Sträßchen und legale Almwege zu
entdecken; hier lässt man den Trubel der heuti-
gen Zeit weit hinter sich. Außerdem sind die
Dolomiten und andere Top-Gebiete nicht weit
entfernt.

VERANSTALTUNGEN

• **Brixen**
Autobergrennen Milland, jeweils im Juni.
Info: Tourismusverband Eisacktal
Brennerstr. 127, I-39040 Vahrn (BZ)
Tel. 0039/0472/80 22 32, Fax
0039/0472/80 13 15
E-Mail info@eisacktal.com,
Internet www.eisacktal.com

SEHENSWERT

• **Brixen**
Diözesanmuseum Hofburg Brixen
Hofburgplatz 2, I-39042 Brixen
Tel. 0039/0472/83 05 05,
Fax 0039/0472/20 82 82,
E-Mail brixen@dioezesanmuseum.bz.it,
Internet www.dioezesanmuseum.bz.it
Krippensammlung, Kunst der Jahrhunderte
und mehr.

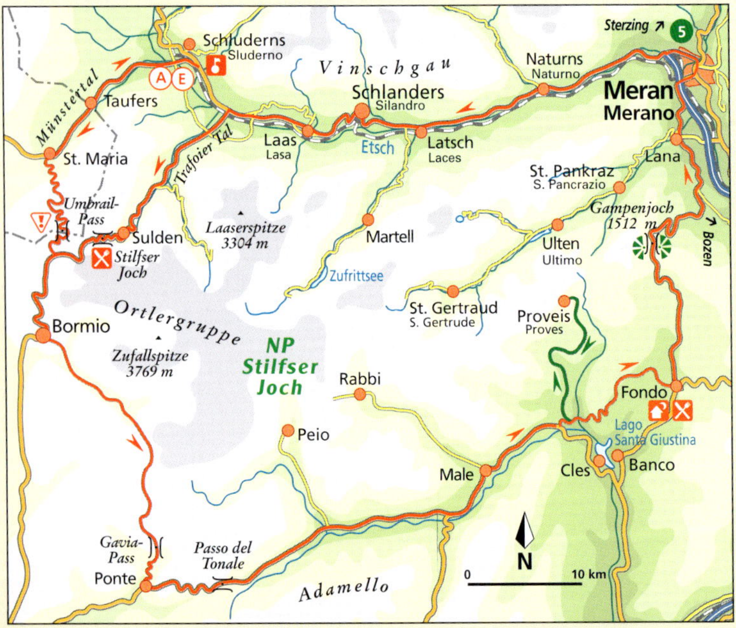

Roadbook 6

Routen in Südtirol und im Trentino

Gebiet: Südtirol
Region: Bozen
Routenverlauf: Bozen – Steinegg – Deutschnofen – Auer – Mendelpass – Fondo – Proveis – Ultental – Lana – Bozen
Gesamtstrecke: 198 km

Nr.	Straße km	Position	Richtung	Information	km
19	- / 18 km	Vilpian	Bozen	bald durch sehenswertes Bozen Richtung Autobahnauffahrt Bozen Nord	18 km
18	- / 3 km	Nals	Vilpian		3 km
17	- / 10 km	Abzweig nach	Tisens	auf Südtiroler Weinstraße weiter	10 km
16	SS 238 / 6 km	Lana	Gampenjoch	schon der untere Teil der Straße zum Gampenjoch ist ein Highlight	SS 238 / 6 km
15	- / 16 km	Ultental	Lana	aus dem wunderschönen Ultental heraus fahren	16 km
14	- / 17,5 km	Marcena	Porveis, Ultental	in Lanza geradeaus auf kleiner Straße weiter nach Proveis, dort dann weiter Richtung Ultental	17,5 km
13	- / 9,5 km	Lago di Santa Giustina	Proveis	abgelegene Straße	9,5 km
12	SS 42 / 13 km	Fondo	Cles	kurvige Strecke mit Blick auf die Brentagruppe	SS 42 / 13 km
11	SS 42 / 3 km	Sarnonico	Fondo	Alternativ kann man hier auch über Romeno zum Lago di Santa Giustina fahren	SS 42 / 3 km
10	SS 42 / 18 km	Kaltern	Mendelpass	tolle Kurvenstrecke über den Mendelpass folgt	SS 42 / 18 km
9	- / 7 km	Tramin	Kaltern	Strecke führt am Kalterer See entlang (Bademöglichkeit)	7 km
8	- / 2 km	Auer	Tramin	vorbei an Obstplantagen	2 km
7	SS 48 / 9 km	Abzweig nach	Auer	bald an Felsgruppe Castelfeder entlang, genau das Richtige für eine Pause	SS 48 / 9 km
6	- / 21 km	Abzweig nach	Deutschnofen, Auer	schicke Aussicht über Etschtal und Umgebung	21 km
5	- / 2,5 km	Birchabruck	Deutschnofen, Auer	es folgt wieder wunderbare Höhenstrecke	2,5 km
4	SS 241 / 14 km	Kameid	Welschnofen	traumhaftes Eggental als tief eingeschnittene Schlucht wartet	SS 241 / 14 km
3	- / 13,5 km	Abzweig hinter	Steinegg	beim Sportplatz abbiegen, an nächster Kreuzung auf Höhe zunächst geradeaus, an Waldkapelle rechts, dann Teerweg bergab	13,5 km

Nr.	Straße km	Position	Richtung	Information	
2	10,4 km	Blumau	Steinegg	herrliche Serpentinenstrecke (15 Kehren) bergan nach Steinegg. Dort sensationelle Aussicht und das bekannte Motorradhotel Steinegger Hof	10,4 km
1	SS 12 4,6 km	Autobahn-abfahrt Bozen-Nord	Waidbruck	auf Brennerstaatsstraße nach Blumau, hier Radarkontrollen	SS 12 4,6 km

Karte: Generalkarte Italien 1:200 000, Großblatt 3 »Brenner, Verona, Parma«, Mairs Geographischer Verlag

INFORMATION

• **Bozen**
Verkehrsamt Bozen (Bolzano)
Waltherplatz 8, I-39100 Bozen (Bolzano)
Tel. 0039/0471/30 70 01,
Fax 0039/0471/98 01 28,
E-Mail info@bolzano-bozen.it,
Internet www.bolzano-bozen.it oder
www.hallo.com

UNTERKUNFT

• **Steinegg**
Hotel Steinegger Hof
Oberdorf 128, I-39050 Steinegg (Collepietra)
Tel. 0039/0471/37 65 73,
Fax 0039/0471/37 66 61,
E-Mail info@steineggerhof.com,
Internet www.steineggerhof.com
Am Motorradhotel »Steinegger Hof«
kann man zu dieser Tour auch starten.

ESSEN & TRINKEN

• **zwischen Steinegg und Karneid**
Jausenstation Wiedenhof; liegt an der Strecke
zwischen Steinegg und Karneid.

MOTORRADFAHREN

Man hört Südtirol und denkt: Dolomiten.
Falsch, denn es gibt hier noch so viel mehr zu
entdecken. Über die Höhen rund um Bozen
wuseln sich vor allem kleine und kleinste
Sträßchen. Ein Eldorado für Genussbiker, die
auf rote Ampeln und volle Touristenorte gern
verzichten können.

VERANSTALTUNGEN

• **Steinegg**
Mototreffen in Steinegg beim
Fuchserhof
Tel. 0039/0471/37 67 66,
jedes Jahr Mitte Juli

SEHENSWERT

• **Kaltern**
Weinmuseum Kaltern
Goldgasse 1
I-39052 Kaltern an der Weinstraße
Tel. 0039/0471/96 31 68,
Fax 0039/0471/96 31 68,
E-Mail volkskundemuseum@
provinz.bz.it

Roadbook 7
Routen in Südtorol und im Trentino

Gebiet: Südliches Südtirol / Nordwestliches Trentino
Region: Brenta
Routenverlauf: Mezzocorona – Kaltern – Mendelpass – Madonna di Campiglio – Sténico – Molveno – Mezzocorona
Gesamtstrecke: 169,5 km

Nr.	Straße km	Position	Richtung	Information	
12	- / 6 km	Rocchetta	Mezzocorona	nur kurz auf SS 43, dann links nach Mezzocorona	6 km
11	- / 11 km	Andalo	Spormaggiore	weiterhin kurvenreiche Strecke	11 km
10	- / 19 km	hinter Sténico	Molveno	bald am Lago di Molveno entlang	19 km
9	- / 9,5 km	Preore	Sténico	bald oberhalb des türkisgrünen Lago Ponte Pia entlang	9,5 km
8	- / 17 km	Giustino	Preore, Sténico	Hauptstraße verlassen und bergan auf wunderschönem Nebensträßchen	17 km
7	SS 239 / 31 km	hinter Malè	Tione	wunderbare Strecke über Madonna di Campiglio (1650 m) an Brentagruppe entlang	SS 239 31 km
6	SS 42 / 14 km	Lago di Santa Giustina	Malè	schneller Surf durch das Val di Sole	SS 42 14 km
5	SS 42 / 15 km	Fondo	Cles	kurvige Strecke mit Blick auf die Brentagruppe	SS 42 15 km
4	SS 42 / 3 km	Sarnonico	Fondo		SS 42 3 km
3	SS 42 / 18 km	Kaltern	Mendelpass	tolle Kurvenstrecke über den Mendelpass folgt	SS 42 18 km
2	- / 26 km	Mezzocorona	Tramin (Termeno)	bald rollt man auf der Südtiroler Weinstraße durch Tramin und am Kalterer See entlang	26 km
1	- / 2,5 km	Autobahnabfahrt Mezzocorona	Mezzocoro	Der Start befindet sich direkt an der Brennerautobahn (A 22), Abfahrt Mezzocorona	2,5 km

Karte: Generalkarte Italien 1:200.000, Großblatt 3 »Brenner, Verona, Parma«, Mairs Geographischer Verlag

INFORMATION

- **Südliches Südtirol**

Tourismusverband Südtirols Süden
Pillhofstraße 1
I-39010 Frangart
Tel. 0039/0471/63 34 88,
Fax 0039/0471/63 33 67,
E-Mail suedtirols_sueden@rolmail.net,
Internet www.suedtirols-sueden.bz.it.

UNTERKUNFT

- **Fondo**

Hotel Lago Smeraldo
Via Lago Smeraldo 12
I-38013 Fondo
Tel. und Fax 0039/0463/83 11 04
An schönem Bergsee gelegen, gute Küche.

BRUCKMANN

ESSEN & TRINKEN

• **Tramin**

Buschenschank Gamper
A.-v.-Kellerweg 9 (hinter Traminer Hof)
Tel. 0039/0471/86 12 22,
Fax 0039/0471/86 38 92
Öffnungszeiten 17–24 Uhr, Montag Ruhetag
Man speist in alten Gärfässern und genießt
Speck, Wein, Säfte, Schnäpse und andere
Spezialitäten aus eigener Herstellung.

MOTORRADFAHREN

Auch hier gilt, was für die anderen Gebiete
schon so oft gesagt wurde: Man befindet

sich mitten in einem Motorradparadies
der Extraklasse, was übrigens durch
den nahen Gardasee und die Dolomiten
östlich des Etschtals noch aufgewertet
wird.

VERANSTALTUNGEN

• **Tramin**

Internationales Gewürztraminer-Symposium,
Tramin, jedes Jahr im Juli.
Traminer Herbstfest, jedes Jahr im September.
Törggelefest in Tramin mit viel Musik, Speck,
Knödel, neuem Wein, Kastanien (Maroni)
und mehr.
Info beim Tourismusverein Tramin (s. oben)

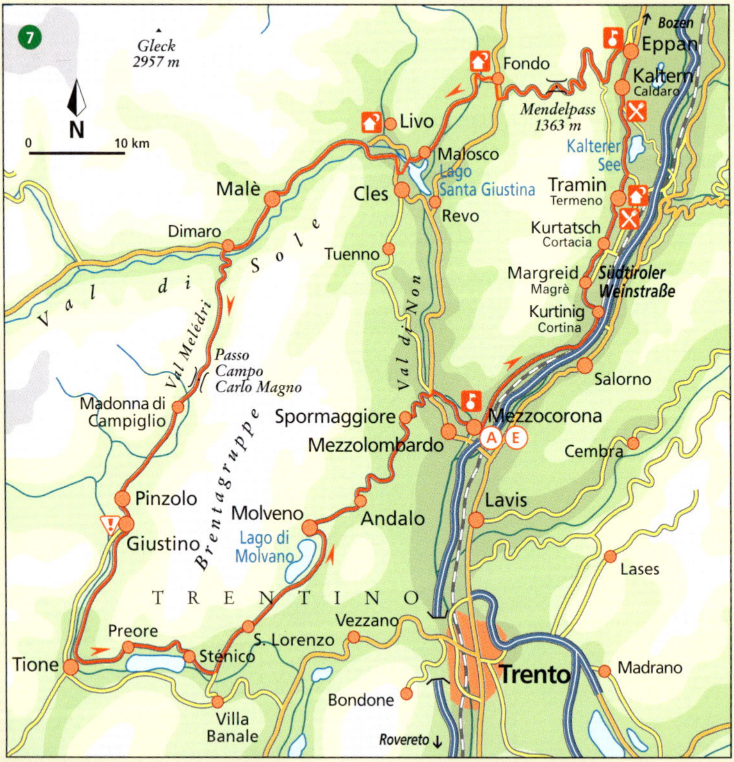

Roadbook 8

Routen in Südtirol und im Trentino

Gebiet: Östliches Trentino
Region: Lago di Caldonazzo
Routenverlauf: Trento – Salurn – Gfrill – Gráuno – Passo di Manghen – Lévico – Lavarone – Trento
Gesamtstrecke: 154,5 km

Nr.	Straße / km	Position	Richtung	Information	
11	SS 349 / 24 km	Abzweig nach	Trento	auf dieser Straße retour zum Ausgangspunkt	SS 349 / 24 km
10	– / 3 km	Abzweig nach	Asiero	wunderschöne Kurven folgen	– / 3 km
9	SS 349 / 6 km	Abzweig nach	Lavarone	Ende der absoluten Wahnsinnsstrecke	SS 349 / 6 km
8	– / 10 km	Lévico	Passo di Vezzena	in Lévico erst links, nächste rechts, SS 47 kreuzen, dann Hinweise Passo di Vezzena beachten, und es folgt Traumstrecke pur	– / 10 km
7	– / 7 km	Vetriolo Terme	Lévico	Serpentinen bergab	– / 7 km
6	– / 12,5 km	hinter Ronchi	Vetriolo Terme	Schöne Aussicht auf Lago di Caldonazzo	– / 12,5 km
5	– / 6 km	Telve di Sopra	Ronchi, Lévico	immer noch traumhafte Bergstrecke	– / 6 km
4	– / 31,5 km	Molina di Fiemme	Borgo, Passo Manghen	ein erstes spektakuläres Highlight auf dieser Runde	– / 31,5 km
3	SS 612 / 13 km	Gráuno	Cavalese	weiter herrliche Kurven	SS 612 / 13 km
2	– / 17 km	Salurn	Gráuno	schöne Bergstrecke über Gfrill	– / 17 km
1	SS 12 / 24,5 km	Trento	Salurn (Salumo)	schnelle Geradeauspassage durch das Etschtal	SS 12 / 24,5 km

Karte: Generalkarte Italien 1:200 000, Großblatt 3 »Brenner, Verona, Parma«, Mairs Geographischer Verlag

INFORMATION

• Südliches Südtirol
Tourismusverband Südtirols Süden
Pillhofstraße 1
I-39010 Fangart
Tel. 0039/0471/63 34 88,
Fax 0039/0471/63 33 67,
E-Mail suedtirols_sueden@rolmail.net,
Internet www.suedtirols-sueden.bz.it

• Trentino
APT Trentino
Via Romagnosi 11
I-38100 Trento
Tel. 0039/0461/49 73 53,
Fax 0039/0461/26 02 77,
E-Mail info@trentino.to,
Internet www.trentino.to

BRUCKMANN

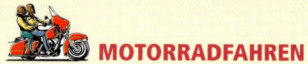

MOTORRADFAHREN

Passo di Manghen grüßt Kaiserjägersteig – was für ein Erlebnis, diese beiden Highlights in Sachen Alpentour auf zwei Rädern!

Das kann man glatt zweimal fahren. Und dann wären da ja auch noch die einsamen Sträßchen am **Monte Panarotta**, im **Val dei Mocheni** oder weiter südlich rund um **Rovereto**.

SEHENSWERT

• **Salurn**
Haderburg, symbolische, sagenumwobene, südlichste Burg im deutschen Sprachraum, um

1150 erbaut, eindrucksvoll auf eine schroffe, schwindelerregende Felsspitze aufgesetzt; auf dem Weg in den Süden wurden hier (Tor zum Süden) beispielsweise Melanchton und Albrecht Dürer beherbergt; sehr schwer und nur zu Fuß zugänglich!

• **Besenello**
Im Etschtal zwischen Trento und Rovereto gelegen. Schloss Beseno, mit 1600 m² größtes Schloss des Trentino und des früheren Tirols, als die Südgrenze am Gardasee verlief. Seit 1973 durch Schenkung im Besitz der Provinz Trento. Das gigantische Schloss ist vom Ort Besenello aus erreichbar, etwa 7 km nördlich von Rovereto (Autobahnausfahrt »Rovereto-Nord«) oder etwa 16 km südlich von Trento.

Roadbook 9
Routen in Südtirol und im Trentino

Gebiet: Südliches Trentino
Region: Gardasee
Routenverlauf: Trento – Molveno – Tione – Lago d'Idro – Gardasee – Riva – Torbole – Arco – Dro – Cavédine – Trento
Gesamtstrecke: 233,5 km

Nr.	Straße km	Position	Richtung	Information		km
15	- / 35,5 km	Lasino	Trento	weiterhin Sahnekurven	⭐ ❄	– / 35,5 km
14	- / 11,5 km	Dro	Cavédine	Straße wieder leer, tolle Strecke	⭐ ❄	– / 11,5 km
13	SS 45 / 5 km	Arco	Dro	auch noch reichlich Verkehr	❗	SS 45 / 5 km
12	SS 240 / 8 km	Torbole	Arco	oft Staus !	❗ ⛺ ✕ ℹ	SS 240 / 8 km
11	- / 4 km	Riva	Torbole	hier beste Gelegenheiten zum Bummeln und Einkehren	✕ ⛺ ℹ	– / 4 km
10	SS 45 / 10,5 km	Limone	Riva	am Gardasee entlang	⭐ ⛺	SS 45 / 10,5 km
9	- / 18 km	Abzweig nach	Tignale	tolles Kurvengeschlängel, in Tignale weiter Richtung Tremósine, danach wieder bergab zum Gardasee	⭐ ❄	– / 18 km
8	SS 45 / 6 km	Gargnano	Riva	am Gardasee entlang	✕ ☾ ⭐	SS 45 / 6 km
7	- / 25 km	Lago d'Idro	Gargnano	herrliche Strecke, bald am Lago di Valvestino entlang	⛺ ≋	– / 25 km
6	SS 237 / 40 km	Tione	Brescia	bis zum Ende des Lago d'Idro auf dieser Straße bleiben		SS 237 / 40 km
5	SS 237 / 14,5 km	auf Höhe Terme di Comano	Tione	bald an Lago Ponte Pia entlang	⭐	SS 237 / 14,5 km
4	- / 32 km	Rocchetta	Molveno, Terme di Comano	weiterhin Traumstrecke	⭐ ⛺ ≋	– / 32 km
3	- / 6 km	Mezzo-corona	Rocchetta	In Rocchetta kurz auf SS 43, dann links Richtung Molveno	⭐	– / 6 km
2	- / 2,5 km	Autobahnab-fahrt Mezzo-corona	Mezzocoro na		ℹ ⚷	– / 2,5 km
1	- / 15 km	Autobahn-abfahrt Trento	Mezzo-lombardo	auf Nebenstraße parallel zur Autobahn auf- wärts durch das Etschtal	ℹ	– / 15 km

Karte: Generalkarte Italien 1:200 000, Großblatt 3 »Brenner, Verona, Parma«, Mairs Geographischer Verlag

INFORMATION

• **Trentino**
APT Trentino
Via Romagnosi 11, I-38100 Trento
Tel. 0039/0461/49 73 53,
Fax 0039/0461/26 02 77,
E-Mail info@trentino.to, Internet www.trentino.to

UNTERKUNFT

• **Molveno**
Alexander Hotel Cima Tosa
Piazza Scuole 7. I-38018 Molveno

Tel. 0039/0461/58 69 28,
Fax 0039/0461/58 60 50
E-Mail hotel.alexander@interline.it,
info@alexandermolveno.com,
Internet www.alexandermolveno.com
Familie Bonetti bietet ein
motorradfreundliches Hotel in Molveno.

ESSEN & TRINKEN

• **Ponte Caffaro** (nördlich des Lago d'Idro)
Pizzeria Josélito
Via Tito Speri
Ponte Caffaro
Köstliche Pizze e Paste.

Roadbook 10

Routen in Südtirol und im Trentino

Gebiet: **Trentino / Veneto**
Region: **Gardasee**
Routenverlauf: **Mori – Brentónico – Monte Baldo – Caprino – Garda – Gardasee – Torbole – Mori**
Gesamtstrecke: **107,5 km**

Nr.	Straße / km	Position	Richtung	Information		
6	SS 241 / 9 km	Torbole	Mori	Achtung: Berganstrecke nach Mori auch bei wenig Feuchtigkeit oft glatt wie Schmierseife	!	SS 241 / 9 km
5	SS 240 / 2 km	Torbole	Arco	der richtige Ort zum Bummeln	! 🍴	SS 240 / 2 km
4	SS 249 / 30 km	Garda	Riva, Torbole	am Gardaseeufer entlang	! 🍴	SS 249 / 30 km
3	- / 8,5 km	Caprino	Garda	sehenswerter Ort Caprino, weiter auf »Strada del Vino Bardolino«		- / 8,5 km
2	- / 40 km	Brentónico	Monte Baldo, Caprino	Superkurvenstrecke mit sensationeller Aussicht über Etschtal und z. T. auch zum Gardasee; auf halber Strecke alte Frontlinien.		- / 40 km
1	- / 9 km	Mori	Brentónico	in Mori die meist richtig volle SS 240 zwischen Gardasee und Autobahn verlassen, sofort aber Traumstrecke	!	- / 9 km

Karte: Generalkarte Italien 1:200 000, Großblatt 3 »Brenner, Verona, Parma«, Mairs Geographischer Verlag

INFORMATION

• **Trentino**
APT Trentino
Via Romagnosi 11
I-38100 Trento
Tel. 0039/0461/49 73 53,
Fax 0039/0461/26 02 77,
E-Mail info@trentino.to,
Internet www.trentino.to

• **Torbole**
Hotel Garni Toresela
Via Rivana 5 a,
I-38060 Torbole-Nago,
Tel. 0039/0464/540030,
Fax 0039/0464/540095,
E-Mail info@hoteltoresela.it,
Internet www.hoteltoresela.it
Idealer Ausgangspunkt für Motorradtouren.
Modernes Garni, günstige Zimmer, Garage,
Trockenraum. Der Chef fährt
selbst und hilft bei der Urlaubsplanung.

UNTERKUNFT

• **Riva**
Hotel Panorama
I-38060 Pregasina di Riva del Garda
Tel. 0039/0464/52 03 44,
Fax 0039/0464/556963
Prima Quartier und gute Küche.

MOTORRADFAHREN

Halten Sie sich auf der »Monte Baldo Höhenstraße« bitte ganz rechts, denn in der nächsten
Kurve könnte ein Auto entgegenkommen und
es gibt Stellen, wo garantiert nur für eines der
beiden Fahrzeuge Platz ist!

BRUCKMANN

• **Besenello**

Im Etschtal zwischen Rovereto und Trento gelegen. Schloss Beseno, mit 1600 m² größtes Schloss des Trentino und des früheren Tirols, als die Südgrenze am Gardasee verlief. Seit 1973 durch Schenkung im Besitz der Provinz Trento. Das gigantische Schloss ist vom Ort Besenello aus erreichbar, etwa 7 km nördlich von Rovereto (Autobahnausfahrt Rovereto-Nord) oder etwa 16 km südlich von Trento.

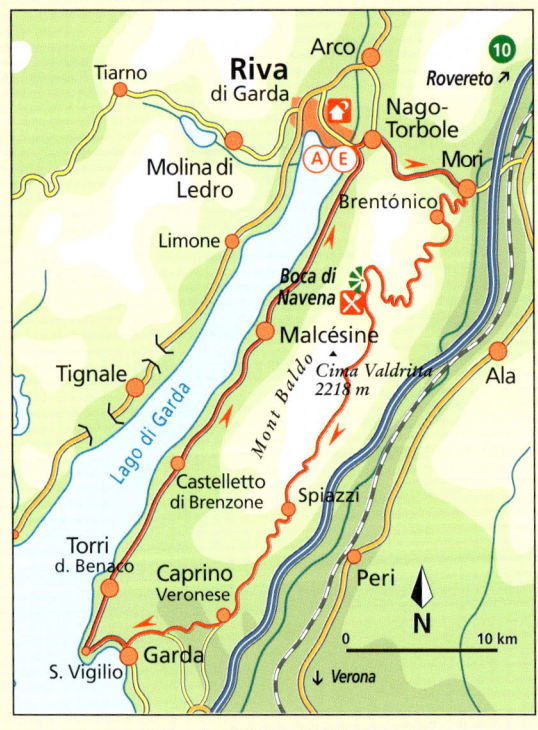

Nr.	Straße km	Position	Richtung	Information	
18					
17					
16					
15					
14					
13					
12					
11					
10					
9					
8					
7					
6					
5					
4					
3					
2					
1					

Nr.	Straße km	Position	Richtung	Information	
18					
17					
16					
15					
14					
13					
12					
11					
10					
9					
8					
7					
6					
5					
4					
3					
2					
1					